POLYGLOTT on tour

Süditalien

Christine Rettenmeier

Special

Allgemeines

Stadtbeschreibung

Bella Napoli ist nicht nur eine turbulente Großstadt mit dem morbiden Charme bröckelnder Fassaden, sondern auch das moderne Banken- und Verwaltungszentrum Süditaliens. Es ist laut und hektisch, aber immer wieder sehenswert. Als kulturelle Kostbarkeiten überzeugen der Dom und das Museo Archeologico Nazionale mit den Funden aus den verschütteten Vesuv-Städten, voller Leben steckt die schnurgerade Spaccanapoli. Ausflugsziele wie Herculaneum oder Pompeji begeistern als prachtvolle Zeugnisse antiker Lebenskultur.

Inselbeschreibungen

Ischia – Italienisch Kuren mit Genuss

Seite 44

Man muss nicht krank sein, um sich hier zu entspannen: Das heilsame Angebot ist eingebettet in opulente Gärten und in den Orten brodelt das Leben. Das kleine Procida erfüllt noch das Bild der stillen Fischerinsel.

Capri – Das magische Blau

Seite 51

Die Trauminsel der Wirtschaftswunderzeit hat nichts von ihrem Zauber verloren – und dies trotz täglich Tausender Besucher. Aber es ist nicht schwierig, den Massen zu entkommen, die die Blaue Grotte bestürmen.

Sardinien – Archaisch und dennoch lebendig

Seite 56

Luxuriöse Ferienzentren, zerklüftete Küsten, einsame Strände, geheimnisvolle Steinbauten – diese und weitere Trümpfe haben die Insel der Nuragher als Reiseziel etabliert.

Sizilien – Ein Kontinent für sich

Seite 67

Schon Goethe war begeistert vom blauen Meer und den antiken Ruinen, von der Magie des Ätna und der heiteren Lebensart der Sizilianer, von einem Kulturland, dessen Schätze wie ein Collier die Insel umschließen.

Touren

Tour 1

Amalfitana – die Traumstraße

Seite 84

Kampaniens Südosten, die Region zwischen Sorrento und Salerno ist ein Garant für optische Reizüberflutung: spektakuläre Küsten, deren Charme Städtchen wie Positano, Amalfi oder Ravello noch unterstreichen. Und Paestum vertritt glanzvoll die Antike.

Tour 2

Entdeckungen in Apulien

Seite 92

Der Absatz des Stiefels bietet viel Raum für Entdeckertouren zwischen dem wilden Gargano, der Stauferburg Castel del Monte, eigenwilligen Trulli-Dörfern wie Alberobello, barocker Pracht in Lecce und dem bizarren Hinterland von Matera.

Tour 3

Kalabrien wild und malerisch

Seite 96

Lange Sandstrände sowie ein buntes Angebot an Sportmöglichkeiten prägen die Küsten des Tyrrhenischen Meers, etwa bei Tropea, während im Hinterland, z. B. an den Abhängen des Aspromonte, die Siedlungen abenteuerlich an den Felsen kleben.

Rechts: Der Dom von Amalfi

Bildnachweis

Amann, P.: 6, 6/7(Fondbild), 7, 22, 23, 26, 37, 42, 50, 70, 79-1, 87, 90; APA Publications/P. Wood: 32, 34, Umschlag-Rückseite oben; Catch-the-Day/M. Braunger: 71, 81; Chwaszcza, J.: 58, Umschlag-Rückseite unten; Farbdia-Archiv G. Amberg: 57-2; Freyer, R. : 68; Hackenberg, R. : 18, 19, 30, 44, 45, 54, 55, 67, 72, 73, 74-1/2, 80, 82, 85; Hartmann, H. : 2-1/2, 17, 24, 27, 28, 29, 39, 41, 61, 62, 63, 65, 69, 75, 76, 78, 92, 93-1, 93-2, 96, 97, 98, 99; Jung, G. : 94; laif/R. Celentano: 1, 10, 11, 15, 16, 31, 35, 38, 46, 47, 49, 51, 52, 79-2, 84, 86, 91; laif/H. Specht: 9, 10/11 (Fondbild), 25, 60; laif/Ugando: 33; laif/F. Zanettini: 5; Münzlochner, T. : 8, 8/9 (Fondbild), 56, 66; Stadler, H.: 13, 57-1. Titelbild: IFA - Bilderteam/Harris.

Feuerberge, Schwefeldämpfe, Zeitbomben

Fasziniert und verunsichert zugleich steht man in Süditalien vor dem Phänomen des Vulkanismus: Auf der Achse Neapel-Ätna verläuft eine Bruchzone der europäischen Kontinentalplatte, sodass durch den dünnen Erdmantel immer wieder flüssiges Magma aufsteigen kann. Reißt die Kruste unter dem Druck aus dem Erdinnern, kommt es zu Beben, und es entstehen Vulkane. Nur selten erweist sich die Urgewalt aus den Feuerbergen als Segen für die Nachwelt, vom historischen Wert der verschütteten Römerstädte am Vesuv einmal abgesehen. Als unberechenbare Zeitbomben lassen die wankelmütigen Vulkane die Allmachtsfantasien der Menschheit zerplatzen.

Der Gefährlichste: Vesuv

Fatalistisch arrangieren sich die Neapolitaner mit ihrem feurigen Hausberg, unter dessen starrer Hülle sich eine gigantische Gasblase aufbaut, wie die Vulkanologen im Observatorium mit Sorge feststellen. Zwar ist der 1277 m hohe Berg nach modernsten Erkenntnissen mit seismographischen Sonden punktiert, um einen drohenden Ausbruch rechtzeitig zu bemerken, die Szenarien im Katastrophenfall sind dennoch verheerend, da sich die Siedlungen trotz diverser Bauverbote zunehmend die Bergflanke hinaufziehen. Solange aber alles ruhig bleibt, ist der einfache Aufstieg zum Kraterrand ein spannendes Naturerlebnis.

- **Circumvesuviana:** Die Bahnlinie verkehrt ab Neapels Stazione Centrale über Herculaneum/Ercolano und Pompeji bis Sorrento. Ab Ercolano Linienbusse auf den Vulkan.
- **Website des Observatoriums:** www.osve.unina.it/
Info in Pompeji: Via Sacra 1, Tel. 08 18 50 72 55.

Der Höchste: Ätna

Mit rund 3340 m ist der Ätna im Osten Siziliens der höchste Vulkan Europas. Oft verhüllen Wolken den Kraterrand, an den tieferen Hängen des ca. 1 Mio. Jahre alten Massivs wachsen auf fruchtbarem Ascheboden Wein, Obst, Pistazien und Gemüse, den Fuß überziehen fruchtbare Felder und kleine Städte aus Lavagestein. Aus Nebenkratern an den Flanken dieses Schichtvulkans treten immer wieder glühende Lavaströme aus, die mittels moderner Techniken an den Siedlungen vorbeigeleitet werden. Die aktive Zone am Kraterrand darf nur unter der Leitung eines Bergführers und mit Sondergenehmigung betreten werden.

Ätna-Infos:
- **Parco Naturale dell'Etna,** Via Etnea 107, 95030 Nicolosi, Tel. 0 95 91 11 58.
- **Ätna-Bergbahn SITAS,** Tel. 0 95 91 11 58. Auf- und Abfahrt nur mit Bergführer ca. 7000 Lire.
- **Ätna-Schmalspurbahn Circumetnea (FCE):** Sie umrundet das Massiv an seiner Westseite. Die 105 km lange Fahrt von Catania bis Giarre dauert dreieinhalb Stunden, Tickets am FCE-Bahnhof in Catania, Ecke Viale Vittorio Veneto/ Corso delle Provincie.

Der Schönste: Stromboli

Wenn in dunkler Nacht der Funkenregen aus dem Krater prasselt, ist der 924 m hohe Stromboli auf der gleichnamigen Liparischen Insel besonders faszinierend. Von den Nachbarinseln aus wirkt er wie ein riesiger Leuchtturm, der im Drei- bis Vier-Stunden-Takt in feuerrotes Licht getaucht ist. Der etwa dreistündige steile Aufstieg auf diesen schönen, symmetrischen Kegel ist nur mit einem örtlichen Bergführer erlaubt. Er beginnt am Abend und endet gegen Mitternacht.

- **Tourenorganisation** mit geschulten Führern sowie Informationen: **Büro am Hafen/Piazzale S. Vincenzo,** Tel. 0 90 98 62 11 und 0 90 98 62 63.
- Am Schreibtisch auf den Stromboli? Das **Internet** machts möglich unter: http://educeth.ethz.ch/stromboli

Der Klassische: Vulcano

Ein Berg, eine Insel. Der 499 m hohe Feuerberg im Archipel der Liparischen Inseln ist rund um die Uhr aktiv, weshalb die alten Römer dachten, dort würde Vulcanus, ihr Gott des Feuers, leben. Und schon hatten die eruptiven Gipfel ihren Namen weg. Am Fuß des Vulkans gibt es übrigens wohlig heiße Schwefelschlammbecken mit heilender Wirkung.

- **Interessante Fotodokumentationen im Internet:** http.//volcano.und.nodak.edu/vwdocs/volc_images/europe_west_asia/vulcano.html

Tipp Der Aufstieg zum 386 m hohen **Gran Cratere,** an dessen Hang Fumarolen austreten, erfolgt auf eigene Gefahr. Die Pfade sind keine offiziellen Wanderwege. Vorsicht ist insbesondere am Kraterrand geboten, wo sich das Erdreich erhitzt.

Cavalcata Sarda

Am letzten Sonntag im Mai verwandelt sich **Sassari** auf **Sardinien** in ein Freilichtmuseum, denn beim Trachten- und Kostümumzug der Cavalcata Sarda schmücken sich Männer und Frauen mit prächtig bunten Tüchern, mit wuscheligen Fellumhängen und traditionellen Waffen. Natürlich kann man bei diesem fröhlichen Fest auch die alten Hirtenlieder hören, den bekannten Stelzentanz sehen, regionale Köstlichkeiten der Küche genießen und volkstümliche Mitbringsel einkaufen.

1000 Feste! heißt die Broschüre des sardischen Fremdenverkehrsverbandes, in der alle bedeutenden Inselfeste und Veranstaltungen aufgeführt sind.

Palio dei Normanni

Auf Hochglanz polierte Ritterrüstungen, Geschicklichkeitsturniere für flotte Reiter und herausgeputzte Pferde, schmetternde Fanfarenzüge und das bunte Farbenspiel der Fahnenschwinger – beim Palio dei Normanni in der historischen Kulisse von **Piazza Armerina** auf **Sizilien** wird am zweiten Augustwochenende das Mittelalter lebendig.

Info: **AACST,** Via Camillo Cavour 1, 94015 Piazza Armerina,Tel. 09 35 68 02 01, Fax 0 93 56 84 56 55.

Corteo storico

Stauferkaiser Friedrich II. und seine 400 Mannen verwandeln Mitte August das historische Zentrum von **Oria** in **Apulien** in ein Heerlager des 13. Jhs. Da klirren die Kettenhemden, die Hufe der Pferde klappern auf dem Steinpflaster und beim obligatorischen Turnier zeigen die Hobbyritter, wie geschickt sie Schwert und Lanze führen können, auch wenn sie im zivilen Leben eher mit Bleistiften und Computermaus hantieren.

Festekalender für die einzelnen Regionen erhält man bei den ENIT-Büros.

Vallje di Civitá

Wenn die albanische Minderheit in **Kalabrien** feiert, staunen sogar die Süditaliener über die Pracht der Trachten. Monatelang klöppeln, sticken und nähen die Frauen der Arbereshe, wie die Albaner genannt werden, an den Kostümen. An den breiten Spitzenborten und bunten Miedern, kunstvoll gesteckten Tuchhauben und farbenfrohen Röcken sind die Wurzeln auf dem Balkan leicht zu erkennen. Auch die Ziehharmonikas der Männer und die gewickelten Lederschuhe ähneln mehr der herkömmlichen Kleidung in Nordgriechenland als in Süditalien.

Das Folklorefest **Vallje** in Civitá findet am Dienstag nach Ostern statt. Auch in anderen Gemeinden der **Sila-Hochebene** werden zur Osterzeit ähnliche bunte Volksfeste abgehalten.

Bunte Trachten, tapfere Helden

Wenn eine großartige Vergangenheit auf das theatralische Talent der Bevölkerung trifft, dann sind opulente Spektakel und ausgelassene Feste nicht zu vermeiden. Ob bei der Erntedankfeier in einem abgelegenen Bergnest oder den mit großem Aufwand in Szene gesetzten historischen Festen – es lohnt immer, sich ins Gedränge zu mischen, zu schauen, zu staunen und die herzhaften Spezialitäten zu probieren, die in den altehrwürdigen Kulissen vorzüglich munden.

Sarazenenschlacht

Erbarmen, die Sarazenen nehmen Kurs auf **Positano!** Doch keine Angst, wenn zum Fest Mariä Himmelfahrt am 15. August vor der grandiosen Kulisse des Städtchens die bunten Segel der mittelalterlichen Seerepublik gehisst werden, sind weder Plünderungen noch blutige Kämpfe gegen die einst gefürchteten arabischen Invasoren zu erwarten. Vielmehr entfaltet sich ein farbenfrohes Spektakel in teils fantasievollen, teils auch historischen Kostümen. Voll Inbrunst stürzen sich dann die attraktiven ragazzi aus Positano in die Schlacht und gerne auch ins Meer, nur um sich beim anschließenden Volksfest, das zum **Sbarco dei Saraceni** gehört, gebührend bewundern zu lassen.

Standpunkt: Den besten Blick auf das heitere Getümmel und abends auf das bombastische Feuerwerk hat man von den Belvederes der verwinkelten Treppenwege wie etwa vor dem Cimitero.

Im Rausch der Tiefe

Taucherträume von Korallen in schrillen Farben und kecken Fischschwärmen werden wahr im Meeresschutzgebiet der Insel Ustica, die einsam 60 km vor der Küste Palermos im Tyrrhenischen Meer liegt. Im Sommer findet dort im Wasser und an Land eine angesehene internationale Ausstellung über untermeerische Aktivitäten wie archäologische Grabungen, Fotografie und wissenschaftliche Forschung statt.

- **Infos: Comune d' Ustica,** Via C. Colombo, Ustica, Tel. 09 18 44 90 45.
- **Tauchcenter Profondo Blu,** Via Torre S. Maria 4, Tel. 09 18 44 96 09.

Die Nase im Wind

Sardiniens Nordosten ist das Windsurfer-Dorado Süditaliens. Man muss jedoch schon sicher auf dem Brett stehen, bevor man in der steifen Brise um Porto Puddu, vor der Isola dei Gabbiani bei Palau oder um das Capo Testa bei Santa Teresa di Gallura waghalsige Manöver fahren kann.

- **Windsurfcenter Paolo Silvestri,** Loc. Porto Pollo, Palau, Tel. 07 89 70 40 53.

Traumstrände und Strandvergnügen

Rutschen, Becken und Kaskaden sorgen im Wasserpark Acqua Flash am Lido di Licola für Stimmung bei den kleinen Gästen, wenn das Meerwasser noch zu kalt ist oder die Wellen zu hoch sind für die lieben Kids.

- **Acqua Flash,** Giugliano in Campania, 80072 Arco Felice.

Einsame Buchten und versteckte Bilderbuchstrände erreicht man am besten mit einem Boot oder nach einer kurzen Wanderung.

- **Capo Polinaro** – versteckte Ministrände im Süden Kampaniens.
- **Punta Caino bei Maratea** – Felsenbuchten mit kristallklarem Wasser.
- **Rocca Vecchia im Salento** – paradiesische Felsenküste an der türkisfarbenen Adria.
- **Isola Bella** bei Mazzarò – Taorminas Bilderbuchstrand an der sizilianischen Ostküste.
- **Marina di Arbus** an der Costa Verde – Sardiniens Sandküste mit bis zu 30 m hohen Dünen.

Action, Sport und Strandvergnügen

Für Abwechslung und Spaß an den Sonnenküsten sorgt ein buntes Freizeitangebot im Wasser und im Hinterland. Wer ein Motorboot oder gar eine Jacht chartern will, muss tief in die Tasche greifen. Günstiger ist es, sich von Fischern für ein paar Stunden in eine idyllische Bucht bringen zu lassen.

Mutig durch Schluchten und über die Wellen

Wer sich mit einem Schlauchboot durch die Schluchten des Flusses Lao treiben lassen möchte und keine Angst vor einer spontanen Dusche hat, ist im kalabrischen Papasidero richtig.

Kraft, Kondition und die richtige Balance braucht man, um die pittoreske Küste Sardiniens mit einem Seekajak zu erkunden. Besonders vielfältig und auch für Anfänger geeignet sind die fjordähnlichen Buchten an der Costa Smeralda und die zerklüftete Küstenlinie um die Isola Maddalena. Leihkajaks gibt es in allen Touristenorten.

Lao Action Raft, Via Lauro 12, 87029 Scalea, Tel. 0 98 52 14 76, organisiert spannende Raftingausflüge und anspruchsvolle Wildwasserexkursionen.

Routenplanung: Ein kompetent verfasster Kajakführer des sardischen Tourismusverbandes hilft bei der Vorbereitung der Touren: www.sardegna.net

Für verwegene Paddler mit muskulösen Oberarmen bieten Spezialveranstalter wie **Lahntours,** Gießen, die Königsetappe von Sardinien durch die Bocche di Bonifacio nach Korsika an.

Panoptikum des Südens

Italiens Stiefelspitze sowie die großen Inseln Sizilien und Sardinien sind ein einzigartiges Urlaubsmosaik, nah und doch so exotisch, modern und irritierend zeitlos, theatralisch aufgedonnert und voll irrealem Zauber – eine unendliche Filmkulisse, in der jeder seine ganz persönliche Hauptrolle spielen darf. Hereinspaziert in das Panoptikum des Südens. Willkommen in einer der ältesten Kulturlandschaften der Erde, in einigen der schönsten Regionen von bella Italia.

Feuerberge und Traumstrände

Die Erde atmet tief. In Süditalien erinnern Lavaströme, Erdbeben und Schwefeldämpfe seit Jahrmillionen daran, dass die Region auf der Bruchzone der Erdkruste liegt – zwischen der europäischen und der afrikanischen Kontinentalplatte.

Jahr für Jahr driftet Sizilien ein paar Millimeter nach Westen und aus dem Erdinneren drückt Magma empor, quillt glühend aus dem Ätna, taucht den Stromboli in ein mystisches Feuerwerk. Auf Ischia lindert heißes Wasser aus der Tiefe mancherlei Beschwerden und in Neapel hofft man inständig, dass die tödliche Gasblase unter dem Vesuv noch lange nicht knallt.

Gleichzeitig hat das Wasser seit Menschengedenken die vulkanische Urlandschaft geformt: Flüsse haben Schwemmlandebenen aufgeschüttet und steile Cañons in das Sedimentgestein gefräst, das Meer nagte an den Küsten, spülte kilometerlange Sandstrände auf, gesäumt von dramatischen Klippen und sanft gerundeten Felsenformationen, die schon griechische Abenteurer der Antike in ihren Bann schlugen.

Heute genießen Badeurlauber die Vielfalt an den Küsten, prägen Weide-

Mezzogiorno

Sprechen Rom oder Norditalien vom Mezzogiorno, was wörtlich mit Mittag zu übersetzen ist, so meint man damit – meist abfällig – den südlichen Teil der Apenninenhalbinsel samt Sizilien und Sardinien. Der Begriff steht einerseits für die sommerliche Hitze, die wie ein Stück Plastikfolie über Süditalien liegt, und andererseits für den Fatalismus seiner Bewohner, der über Jahrhunderte das Leben der Bauern, Hirten und Fischer prägte. Rassistische Töne gegen den Süden werden immer wieder laut und drücken sich vor allem in dem bösen Satz aus:
Als Garibaldi den Mezzogiorno eroberte, hat er nicht Italien größer, sondern Afrika ein Stück kleiner gemacht ...

Capo Testa: An der Nordküste Sardiniens formte das Meer bizarre Gebilde aus Granit

land und Felder die landwirtschaftlich intensiv genutzten Ebenen, bieten das hügelige Hinterland und die kargen Gebirgsstöcke noch immer genügend Raum für halbwilde Herden von Ziegen, Eseln oder Pferden und moderne Entdecker.

Ideales Frühlingsziel

Milde Wärme

Zwar ist Johann Wolfgang von Goethes »Land, wo die Zitronen blühn'«, zu jeder Jahreszeit eine Reise wert, von seiner allerschönsten Seite zeigt es sich jedoch im **Frühling** und **Frühsommer.** Dann zieht nicht nur der Duft von Orangen- und Zitronenblüten durch die Dörfer, dann verwandeln sich Gärten, Parks, Böschungen und auch die struppige Macchia in ein Blütenmeer, dominiert vom leuchtend gelben Ginster. Von **April bis Juni** sind die Tage warm und die Preise passabel. Im weichen Licht macht es Spaß zu wandern oder Rad zu fahren.

Schulklassen und Reisegruppen drängen sich auch in der Vorsaison in den bekanntesten Museen, Tempeln und Kirchen, dennoch findet man immer ein ruhiges Plätzchen zum Staunen und Genießen. Wer aber baden will, sollte abgehärtet sein, denn das Mittelmeer wärmt sich nur langsam auf. Erst im Sommer steigt die **Wassertemperatur** auf über 20 °C.

Achtung Hochsaison!

Von **Mitte Juli bis Ende August** sind zumindest die Badeorte und die Insel Capri fest in italienischer Hand; dann ist *Ferragosto,* Schulen und Fabriken im industrialisierten Norden sind geschlossen, die Strände übervoll und die Unterkünfte im Süden restlos ausgebucht. Zudem weht an manchen Tagen der glühend heiße Schirokko den Sand aus der Sahara auf die Liegestühle – und zaubert beim Sonnenuntergang rosafarbene Wolkenfäden in den Himmel.

Zeit der Muße

Im **September** atmen Kellner und Hoteliers hörbar auf, der größte Stress ist vorbei. Wer jetzt reist, findet wieder stille Buchten, verträumte Städtchen und fast leere Museen vor. Zeit zum Genießen, wenn der Duft wilder Kräuter aus den Küchen dringt und wieder richtiger Milchschaum den Cappuccino krönt.

Allerdings ist die Natur im Herbst oft sonnenverbrannt und die von Macchia überwucherten Hänge wirken abweisend. Lediglich die immergrünen Eichenwälder, Olivenhaine und das Rostrot der Kastanienblätter bringen Farbtupfer in die Landschaft. Ihre eigenen Reize haben der regnerische Spätherbst und der Winter. Dies ist die richtige Zeit, um sich mit Menschen anzufreunden, die im Sommer schlichtweg weder Zeit noch Lust für ein Palaver mit den auswärtigen Besuchern haben. Oder, um in den sardischen und kalabrischen Bergen eine Ski-Abfahrt zu wagen ...

Klima und Reisezeit

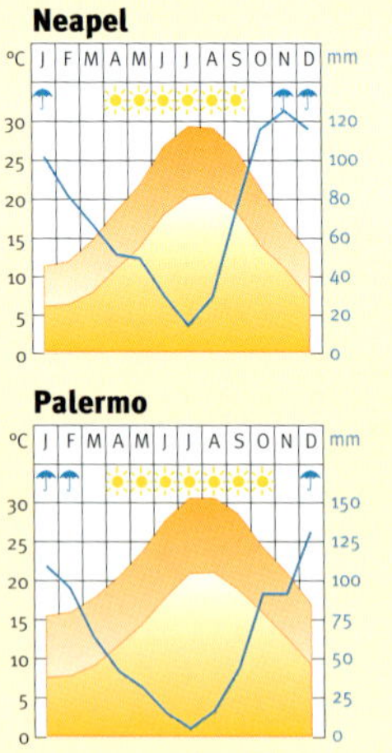

Tageshöchsttemperaturen
Nächtliche Tiefsttemperaturen
Niederschlag
Sonnenmonate
Niederschlagsmonate

Blütenmeer und Plastikmüll

Anspruchsvolle Kulturpflanzen aus allen Erdteilen

Verteilt auf über 3000 Höhenmeter wächst in Süditalien eine besonders artenreiche Flora: So gedeihen im mediterranen Klima an den Küsten vor allem **Zitrusfrüchte,** deren Anbau übrigens die Araber gefördert haben, ferner **Oliven, Palmen** und viele Zierpflanzen aus den Tropen.

In großen Gärten und Glashäusern reifen **Feigen, Pfirsiche** und **Aprikosen, Tomaten, Paprika, Artischocken** und zahlreiche andere klimatisch anspruchsvolle Gemüsearten.

Heimische Wildpflanzen

Vor allem auf Sizilien findet man an den Gartenmauern oft die grazilen **Kapernsträucher** mit ihren filigranen Blüten, die, noch bevor sie sich öffnen, geerntet und in einer Essigmarinade eingelegt werden.

Landschaftliche Akzente setzen schlanke **Zypressen** und die Schirmkronen der **Pinien,** bunt blühender **Oleander** und die fleischigen **Agaven** (eingeführt aus Mexiko) mit ihren hohen Blütenständen.

Im Norden Sardiniens werden seit Generationen **Korkeichenwälder** wirtschaftlich genutzt.

Die typische Vegetation des Hinterlands ist die **Macchia.** Wo die Wälder seit Jahrhunderten abgeholzt sind und gefräsige Ziegen- und Schafherden herden das Nachwachsen der Bäume verhindern, überzieht die Hügel ein meist stacheliges Gestrüpp: mit immergrünem **Ginster, Mastixsträuchern, Zistrosen,** duftenden **Wildkräutern, Dornwinden** und **Akanthus.**

Im Frühling finden Blumenfreunde in der Macchia auch **Orchideenarten** wie etwa das Knabenkraut.

Land, wo Orangen und Zitronen reifen: an der Amalfitana bei Ravello

Bedrohte Tierwelt

Die Tierwelt leidet erheblich unter der Jagdleidenschaft der Italiener. Nur in ausgewiesenen Schutzzonen haben **Greifvögel** und **Seeschwalben, Hirsche, Wildschweine, Mufflons** und sogar ein paar **Wölfe** noch eine Überlebenschance. Gleichzeitig ist Süditalien eine wichtige Zwischenstation für die **Zugvögel** auf ihren anstrengenden Wegen zwischen den Winter- und Sommerquartieren.

Ähnlich schwierig wie auf dem Lande ist auch die Situation für die Tierwelt im Meer. **Delfine** sieht man häufiger auf antiken Mosaiken, die Wasserqualität im Golf von Neapel ist miserabel, statt Schwertfisch, Sardinen und Doraden gehen den Fischern Quallen ins Netz. An den dünn besiedelten Küsten Sardiniens, Siziliens und Kalabriens dagegen ist das Wasser noch erfreulich unbelastet.

Umweltschutz

Erst langsam beginnt in Italien die ernsthafte Auseinandersetzung mit den Folgen von gedankenloser Umweltverschmutzung, radikaler Industrialisierung und planlosen Bauens. Zwar wächst die Einsicht, dass Urlauber nur dann kommen, wenn das Meerwasser klar und die Strände aufgeräumt sind, doch gleichzeitig häufen sich die wilden Müllhalden im Hinterland – irgendwo muss ja der Abfall von Abertausenden Touristen entsorgt werden. Zudem führt nicht nur auf Sardinien der extreme Wasserbedarf in den Ferienzentren zu ernsthaftem Mangel in den Bergdörfern und auf den Feldern.

Generell gilt in ganz Italien der Grundsatz, dass es keine gesetzliche Bestimmung gibt, die nicht durch eine Extragebühr umgangen werden könnte. Und wo steht geschrieben, dass staatlich oder EU-geförderte Kläranlagen, Mülldeponien und Abluftfilter auch in Betrieb genommen werden müssen?

Banditen, Mafiosi ...

Mafia – dieser Begriff kommt vielen als erster in den Sinn, wenn man vom italienischen Süden, von Neapel, Kalabrien oder Sizilien spricht. Dabei ist die organisierte Kriminalität längst keine Spezialität des Mezzogiorno (s. S. 12) mehr.

Die Clans der sizilianischen **Cosa Nostra** beherrschen den Drogenhandel in Palermo ebenso wie in Beverly Hills oder in der Bronx; die **Camorra** aus Kampanien hat sich auf lukrativen Subventionsbetrug spezialisiert und verdient kräftig am Tourismus. Die kalabrische **'ndrangheta** ist in sich zerstritten und kämpft nun ebenso wie die apulische Mafia mit der kriminellen Konkurrenz albanischer Gruppen.

Die Mafia-Experten der italienischen Staatsanwaltschaft stellten in-

Beim Kartenspiel gibt es keine Generationenunterschiede

zwischen fest, dass einzelne **Banden** regelrechte Verträge miteinander geschlossen und die illegalen Einnahmequellen aufgeteilt haben: die Albaner dominieren Frauenhandel, Prostitution und den Drogenschmuggel, während die Italiener die Schutzgelder eintreiben und öffentliche Gelder in dunkle Kanäle leiten. Und über allem liegt die *omertà*, das alte Gesetz des Schweigens.

Zwar gibt es regelmäßig Proteste gegen die »ehrenwerte Gesellschaft«, doch solange der italienische Staat von einer Regierungskrise zur nächsten stolpert und es auf allen Ebenen korrupte Politiker gibt, wird die Mafia die vierte Macht im Lande bleiben.

Verstehen Sie das?

Ordentliches Schulitalienisch sprechen im Süden nur einige Schulkinder und Zugereiste aus dem Norden. Ansonsten parliert, schimpft und räsoniert man, wie einem der Schnabel gewachsen ist – oder, wenn es sein muss, eben gleich Deutsch oder Englisch. Kein Wunder also, wenn man als Urlauber auf seine Frage eine überaus freundliche Antwort erhält und kein Wort versteht ...

Besonders schnell sprechen die Neapolitaner und damit sie keine Zeit verlieren, lassen sie möglichst viele Silben am Wortende weg. Da wird das schlichte »grazie« zum militärisch-knappen »graz!«. Auf Sizilien dagegen mischen sich etliche arabische Ausdrücke in den Wortschwall, in Kalabrien gibt es griechische und albanische Sprachinseln. Das Sardische ist gar eine eigene spätromanische Sprache mit vielen lokalen Dialekten, wobei man im Städtchen Alghero noch das Katalanische, ebenfalls ein romanisches Idiom aus dem 14. Jh. pflegt. Capisci?

Urlauber jedoch haben nichts zu befürchten, schließlich verdienen die Clans an jeder Pizza, jedem belegten Hotelbett und jedem Fährticket mit.

... und ganz normale Italiener

Die ganz normalen Neapolitaner, Kalabresen, Sarden oder Sizilianer sind alles andere als coole Gangster, selbst wenn sie gerne dunkle Sonnenbrillen tragen. Die rund 19 Millionen Süditaliener sind eine bunte Mischung aus Griechen der Antike und Normannen, aus drahtigen Sarazenen und stolzen Kastiliern.

In ihren Gesichtern, in ihren Gesten, in ihren Sprachen und Festen spiegeln sich 5000 Jahre Völkerwanderung im Mittelmeerraum wider. Jahrhunderte der Armut und Unterdrückung haben die Menschen vorsichtig gegenüber Fremden gemacht, aber zugleich tolerant. Nicht nur in Neapel ist die Kunst des *arrangiarsi,* des sich Arrangierens, zur Lebensphilosophie erhoben.

Religion

Der Großteil der Bevölkerung ist katholisch und praktiziert seinen Glauben in mystisch-theatralischer Form, wie man bei Prozessionen, Kirchenfesten und diversen »Wundern« beobachten kann. Einen Triumph über das vernunftbestimmte Glaubenskonzept des Nordens feierten die Süditaliener, als der Papst 1999 den Priester Pio di Pietralcina (1887–1968) aus Apulien selig sprach. Der mit Inbrunst verehrte Pater soll die Stigmata, die Kreuzigungswunden Christi, getragen haben und des Öfteren an zwei Orten gleichzeitig zugegen gewesen sein, um das Lob Gottes zu verkünden.

Karfreitagsprozession in Molfetta (westlich von Bari)

Die Großfamilie und neue Rollenbilder

Vor allem Frauen finden in den religiösen Kulten um Heilige und Wundertätige eine spirituelle Alternative zu ihrem oft eintönigen Lebensalltag, der nach wie vor vom Willen der Männer dominiert wird. Nicht nur in Süditalien ersetzt die patriarchalisch geführte **Großfamilie** das soziale Netz. Und dort wie im öffentlichen Leben haben (noch) die *padroni* das Sagen.

In den Haushalten aber regieren die **Frauen** – und holen sich Anregungen für den angesagten Lifestyle aus dem Fernsehen. Weit mehr als feministische Parolen und der schnelle Strukturwandel von der Agrar- zur Dienstleistungsgesellschaft transportieren heutzutage die Medien neue **Rollenbilder** bis ins letzte Bergnest: Junge Frauen sollen schön und sexy sein,

Auch in Italien definiert das Fernsehen den Lifestyle der Jugend

junge Männer cool und reich, maximal zwei verwöhnte Bambini machen das Glück perfekt.

Auch wenn die Wirklichkeit in vielen Familien noch anders aussieht, so zwingen doch die Konsumwünsche ihrer Kinder viele Frauen zu arbeiten, was langfristig deren finanzielle Eigenständigkeit und Selbstbewusstsein stärkt ...

Wirtschaft und Politik

Wie ehedem leidet Italiens Süden unter dem Erbe seiner feudalen Vergangenheit. Über Jahrhunderte waren ungebildete Landarbeiter die Garanten für den Wohlstand ihrer Herren; erst seit der **Landreform** in den 1950er-Jahren und der Integration des Mezzogiorno in die **Europäische Union** ent-

Steckbrief

Lage: Die Regionen Campania (13 595 km²), Puglia (19 347 km²), Calabria (15 080 km²) und Basilicata (9992 km²) sind die vier südlichsten des italienischen Festlands; sie bilden Stiefelschaft, -spitze und -absatz. Im Westen sind die großen Mittelmeerinseln Sardinien (24 090 km²) und Sizilien (25 708 km²) sowie der Liparische Archipel (101,4 km²) vorgelagert.
Bevölkerung: Kampanien ist mit 5,6 Mio. Einwohnern eine der am dichtesten besiedelten Provinzen der Apeninnenhalbinsel, in Apulien leben ca. 4 Mio. Menschen, in Kalabrien etwa 2,1 Mio. und in der Basilicata 620 000. Sizilien hat rund 5 Mio., Sardinien 1,6 Mio. Einwohner.
Höchste Berge:
auf Sizilien: Ätna (Etna; 3340 m),
in Kalabrien: Aspromonte (1955 m),
auf Sardinien: Monti del Gennargentu (1834 m),
in Kampanien: Vesuv (1277 m).

Noch eine filmreife Idylle der Fischer – die kleine Insel Procida

wickelten sich in Italiens Armenhaus überlebensfähige landwirtschaftliche Betriebe, die Südfrüchte, Wein, Käse und Hartweizen für den nationalen Markt und den Export in EU-Länder produzieren.

Auch der **Tourismus** brachte neue Arbeitsplätze an die Küsten, während sich **industrielle Großprojekte** (Petrochemie, Stahlbau, Werften, Bergbau auf Sardinien) meist als gigantische Fehlinvestitionen erwiesen.

Die **Arbeitslosenquote** liegt offiziell über 25 %, viele Männer, Frauen und Kinder leben von minimalen Stundenlöhnen, in allen Bereichen grassieren Schwarzarbeit und Steuerbetrügereien. Vor allem **junge Menschen** haben kaum Aussicht auf eine gesicherte berufliche Zukunft und Besserung ist nicht in Sicht, weshalb jedes Jahr Tausende ihr Glück in den Industriezentren des Nordens versuchen. **Auswanderung** hat im Süden seit den 1920er-Jahren Tradition, denkt man nur an die italienischen Viertel in den USA oder an den Pizzeria-Gelateria-Boom der 1960er-Jahre in Deutschland.

Politisch gliedert sich das süditalienische Festland in die vier Provinzen **Kampanien (mit Neapel), Apulien, Basilicata** und **Kalabrien;** die **autonome Region Sizilien** umfasst die neun Provinzen Palermo, Trapani, Catania, Messina, Siracusa, Ragusa, Caltanissetta, Agrigent und Enna, Parlamentssitz ist in Palermo.

Die **autonome Region Sardinien** setzt sich aus den Provinzen Cagliari, Sassari, Oristano und Nuoro zusammen, das Parlament tagt in Cagliari.

Seit Anfang der 1990er-Jahre entstehen überall in der Republik Italien neue regionale und nationale **Splitterparteien,** die als Koalitionspartner häufig wechselnder Regierungen ihren Einfluss in Rom geltend machen. Zwar schaffte es das Land unter den Präsidenten Scalfaro und Ciampi und Regierungschef Prodi (1996–2000, jetzt umstrittener Präsident der EU-Kommission), die Kriterien für die Aufnahme in die Euro-Zone zu erfüllen, den politischen Alltag prägen aber weiterhin Kompetenzgerangel, bürokratisches Phlegma und Korruption.

Geschichte im Überblick

Steinzeitliche Funde auf Sardinien, Capri und in Apulien belegen eine frühe Besiedlung Süditaliens durch Volksgruppen aus dem östlichen Mittelmeerraum.

Um 1800 v. Chr. Erste Spuren der Nuragher-Kultur auf Sardinien. Ebenfalls im 2. Jt. siedeln mykenische Händler in Apulien, der Basilicata sowie in Kalabrien.

1000 v. Chr. Phönizische Truppen gründen Handelsniederlassungen auf Sardinien und vertreiben die Nuragher ins Inselinnere.

8. Jh. v. Chr. Beginn der griechischen Kolonisation in Süditalien; Gründung der Städte Kyme und Neapolis auf dem Festland sowie Naxos und Syrakus auf Sizilien; Hellenisierung der Ureinwohner.

4. Jh. v. Chr. Die Römer erobern Teile von Magna Graecia, bewahren jedoch die griechische Kultur und Sprache.

266 v. Chr. wird Brindisi zum bedeutenden römischen Hafen ausgebaut, nach dem Ersten Punischen Krieg wird Sizilien im Jahr 241 römische Provinz, 238 fällt Sardinien an das römische Reich.

79 v. Chr. Ein drei Tage dauernder Ausbruch des Vesuv vernichtet die römischen Städte Pompeji, Herculaneum und Stabiae.

26–37 n. Chr. Kaiser Tiberius regiert das römische Imperium von seiner Residenz Capri aus.

476 Romulus Augustus, der letzte Kaiser des Weströmischen Reiches, stirbt im Castell dell'Ovo in Neapel.

534–550 Sardinien, Sizilien, Neapel und die Küstenstädte des Südens fallen unter byzantinische Herrschaft.

827–1072 Arabische Herrschaft über Sizilien; auf Sardinien sowie in Kalabrien unterhalten die in Tunesien beheimateten Sarazenen befestigte Stützpunkte (ca. 900–1015).

1015 Mit Hilfe der Seerepubliken Pisa und Genua vertreiben die Sarden die Sarazenen von ihrer Insel.

Ab 1137 Unter Roger II. entsteht das normannisch-sizilianische Königreich, an den Küsten entwickeln sich prächtige Handelsstädte und kleine Seerepubliken. Königshaus und Adel fördern die Kunst.

1194 Die Staufer erben die Herrschaft über Süditalien und Sizilien.

1224 Stauferkaiser Friedrich II. gründet die Universität Neapel, die heute noch nach ihm benannt ist.

1265 Karl von Anjou erhält das Königreich Sizilien zum Lehen und 1267 die Herrschaft über ganz Süditalien.

1282 Nach einem Bürgeraufstand gegen das Anjou-Regime, der »Sizilianischen Vesper«, übernehmen die Aragonesen die Macht über die Insel, ab 1297 auch auf Sardinien.

1442 Unter der Herrschaft des spanischen Königshauses Aragón werden die Königreiche Neapel und Sizilien vereint.

1709 Herculaneum wird wieder entdeckt.

1718 Die Herzöge von Piemont-Savoyen werden »Könige von Sardinien«.

1735 Durch den polnischen Erbfolgekrieg fallen Neapel und das »Königreich beider Sizilien« an die Bourbonen.

1748 Erste offizielle Ausgrabungen in Pompeji.

1787 Goethe besucht auf seiner Italienreise u. a. Neapel, Sorrento und Sizilien.

1860 Garibaldi erobert mit den Truppen des Königs Vittorio Emanuele Süditalien, am 21. Oktober stimmt die Bevölkerung mit deutlicher Mehrheit für eine Vereinigung mit dem Königreich Italien.

1918 Die Brigata Sassari kämpfen für die Unabhängigkeit Sardiniens.

1930–1943 Der faschistische Führer Mussolini will Sardinien wegen seiner Kohlevorkommen wirtschaftlich fördern, im Zweiten Weltkrieg ist die Insel ein wichtiger Militärstützpunkt.

1943 Von September 1943 bis Februar 1944 ist Brindisi Sitz der italienischen Regierung, da Rom von den Deutschen besetzt ist. Am 28. September vertreiben die Neapolitaner die deutschen Besatzer, drei Tage später marschieren die Alliierten ein.

1946 Votum der Italiener für die Republik; Sizilien erhält den Status einer autonomen Region.

1948 Sardinien wird ebenfalls autonome Region innerhalb der Republik Italien.

1950–1986 Das Programm für die wirtschaftliche Erschließung Süditaliens (Cassa per il Mezzogiorno) bringt wenig Verbesserungen, mehr als 2 Millionen Süditaliener wandern aus nach Norditalien und ins Ausland.

1980 Schwere Erdbeben zerstören ganze Landstriche in Kampanien und Apulien.

1993 Mit der Aktion »mani puliti« (saubere Hände) gehen Polizei und Staatsanwaltschaft gegen Korruption, organisierte Kriminalität und illegale Machenschaften der Politiker vor.

1994 Anlässlich des Weltwirtschaftsgipfels über das organisierte Verbrechen setzt Bürgermeister Antonio Bassolino in Neapel ein massives Reformprogramm durch.

1996 Bei den Parlamentswahlen erringt Italiens Linke einen bedeutenden Sieg, die ständige Staatskrise durch instablie Regierungskoalitionen ist damit jedoch nicht beendet.

1999/2000 Tausende von Flüchtlingen aus Albanien und dem Kosovo fliehen über die Adria nach Apulien.

Kultur gestern und heute

Steinerne Zeugen der Frühzeit

Unübersehbar erheben sich Monolithe und aufwändige Felsenbauten über das sardische Hügelland. Rund 6000 Jahre alt sind die Felsengräber und Feenhäuser der **Ozieri-Kultur** auf **Sardinien,** Grabungsfunde in Höhlen belegen jedoch, dass schon in der Altsteinzeit Menschen auf der Insel siedelten.

Die eindrucksvollsten Relikte, steinerne Rundbauten und Fluchtburgen mit mehrstöckigen Türmen, stammen von dem geheimnisumwitterten Volk der **Nuragher.** Tausend Jahre bevor die Griechen begannen ihre kunstvollen Säulenhallen zu errichten, schichtete das kriegerische Hirtenvolk Granitblöcke und -platten ohne Mörtelverbindung zu den größten Megalithbauten des Mittelmeerraumes auf.

Auf dem Festland sind Zeugnisse der Frühzeit kaum zu finden, allerdings entdeckte man in **Kalabrien** 15 000 Jahre alte Felszeichnungen.

Antike Prachtstücke

An der Schnittstelle antiker Handelswege gelegen, profitierte Süditalien vom multikulturellen Charakter seiner Hafenstädte: **Punier** aus Nordafrika und **Phönizier** des Vorderen Orients gründeten (Handels-)Niederlassungen und schlugen prächtige Nekropolen in den Fels. Siedler aus den griechischen Stadtstaaten importierten ihren Lebensstil, ihre Religion und Architektur in die damalige Kolonie **Magna Graecia.** Die schönsten und besterhaltenen dorischen Tempel findet man

Wandbild vom Grab des Tauchers aus Paestum

daher nicht etwa in Griechenland, sondern in Paestum sowie auf Sizilien. 3500 Jahre überdauerte die erhabene Pracht der Heiligtümer. Die Statuen, Vasen und Schmuckstücke der antiken Meister füllen heute Museen von Weltrang.

Es spricht für die **Römer,** dass sie nach der Eroberung Süditaliens das kulturelle Erbe der Hellenen nicht zerstörten, sondern auf ihre Weise kopierten. Amphitheater, Badeanlagen, das prächtige Landhaus Villa Casale auf Sizilien und vor allem die 79 n. Chr. vom Ascheregen aus dem Vesuv verschütteten Städte Pompeji und Herculaneum bezeugen die opulente Lebensart ihrer Bewohner und die ausgefeilten Techniken römischen Städtebaus. Die soliden Straßen der Römer bilden sogar das Fundament der Autostrada del Sole. Stilempfinden sowie Sparsamkeit veranlassten Baumeister späterer Jahrhunderte, immer wieder antike Elemente in Kirchen, Klöster und Kastelle zu integrieren.

Farben und Formen aus der Fremde

Die Ära der **byzantinischen Herrschaft** vom 9. bis zum 11. Jh. lässt sich auf dem Festland mit Basiliken auf

Durch eine Katastrophe konserviert: das römische Herculaneum

kreuzförmigem Grundriss, ikonenhaften Fresken und Mosaiken belegen, während sich die **arabischen Stilelemente** erst unter der Herrschaft der Normannen zu höchster Blüte entwickelten: Farbenprächtig glasierte Keramiken, hoch gewölbte Kuppeln, überreich dekorierte Torbögen, Türme oder Brunnen zierten die Bauwerke. Vor allem in Kampanien finden Nachbildungen der stilisierten Pflanzenornamente heutzutage reißenden Absatz als sündteure Souvenirs.

Normannische Bauten im Stil der Romanik dagegen dominieren viele süditalienische Städte mit einer erstaunlichen Mischung aus Strenge und Verspieltheit. Höhepunkt dieser Epoche ist zweifelsohne die achteckige Stauferburg **Castel del Monte** in Apulien.

Neue Herren aus der Fremde brachten im 14./15. Jh. ihre Sitten und Moden in die Region, allerdings sind nur wenige Relikte so authentisch erhalten, wie das beeindruckende **katalanische Erbe** in Alghero auf Sardinien.

Es ist der **barocke Überschwang** des 17. und 18. Jhs., der – inzwischen mit internationaler Hilfe renoviert – die Kirchen und Palazzi des Südens zum Strahlen bringt. In Neapel, Lecce und im sizilianischen Noto finden sich die schönsten Beispiele dieses opulenten Stils, wobei man nicht vergessen darf, dass meist verheerende Erdbeben und Vulkanausbrüche die Ursache für historisch bedeutende Bauphasen waren.

(Un-)Kultur der Gegenwart

Seit rund 250 Jahren lebt Süditaliens Kultur von Zitaten der großen Vergangenheit. Mit den ersten Funden aus Herculaneum und Pompeji kam die Antike wieder in Mode, heute fällt die Postmoderne auch hier durch Einfallslosigkeit auf: Langweilige Bürotürme in Neapels Bahnhofsviertel, miserable Wohnblock-Felder an der Peripherie der Städte, rücksichtslos in die Landschaft betonierte Schnellstraßen und von Spekulanten zugebaute Buchten. Andererseits werden alte Gebäude instandgesetzt und stilvoll mit avangardistischen Anbauten kombiniert.

Mittelportal der romanischen Kathedrale von Ruvo in Apulien

Ähnlich wie in der Architektur wecken die volkstümlichen Ausdrucksformen in **Musik, Tanz** und **religiösen Riten** ein Bild der Vergangenheit, das nie so heiter war, wie es heute mit Tarantella und bunten Eselskarren präsentiert wird. Ernst zu nehmende kulturelle Traditionen sind fast nur noch auf Sardinien erhalten, der Rest ist leider nicht mehr als Unterhaltung für Touristen.

Gedruckte Einsichten

Vielfältige Einsichten bieten Bücher, die seit rund 100 Jahren schonungslos offen oder magisch verträumt die Facetten des süditalienischen Alltags beleuchten: Klassiker wie »Der Leopard« von **Guiseppe Tomasi di Lampedusa;** erschütternde Sozialreports wie **Carlo Levis** »Christus kam nur bis Eboli« oder **Gavino Leddas** »Padre Padrone«. Die selbstironischen Betrachtungen, z. B. »Also sprach Bellavista«, von **Luciano di Crescenzo** oder auch umstrittene Gegenwartserzählungen wie »Ich wollte Hosen« von **Lara Cardella** sind Unterhaltung mit Tiefgang, also ideale Reisebegleiter.

Dies kann man von den schwärmerischen Druckwerken der ersten nordeuropäischen Bildungsreisenden nur eingeschränkt behaupten. Sogar Goethes »Italienische Reise« wird dem Kaleidoskop des Südens nicht gerecht.

Sardinien und Sizilien haben bisher drei wortgewaltige Literatur-Nobelpreisträger hervorgebracht: **Grazia Deledda** aus Nuoro (Sardinien) erhielt die Auszeichnung 1926 als bisher einzige Italienerin. 1934 wurde **Luigi Pirandello** aus Agrigent und 1959 der Lyriker **Salvatore Quasimodo** aus Modica (beide Sizilien) mit dem begehrten Preis gewürdigt. In den Universitätsstätten des Südens hat sich in

Feste & Veranstaltungen

Karneval wird in vielen Orten mit bunten Umzügen gefeiert, in der sardischen Barbagia nehmen daran auch archaisch maskierte Figuren wie die *mammuthones* teil.
Ostern: Die Karwoche *(settimana santa)* ist überall der Höhepunkt im Kirchenjahr; bewegende Prozessionen mit mittelalterlichen Riten finden u. a. statt in Alghero, Castelsardo und Sassari auf Sardinien, auf Procida sowie in den apulischen Städten Tarent und Gallipoli. Im kalabrischen Polistena erinnern sogar Flagellanten an das Leiden Christi.

Religiöse Feste: Ebenso wichtig wie die Spiritualität dieser Feste ist die weltliche Freude, mit der sich die Süditaliener nach den

Keine Wallfahrt ohne ein Essen, hier zu Ehren von San Francesco auf Sardinien

den letzten Jahren eine bohèmehafte junge Kunstszene etabliert, die sich zwar nicht mit Weltruhm schmücken kann, aber immerhin reizvolle Schlaglichter über die gemeinhin konservative Kulturszene streut.

Prozessionen und Gottesdiensten bei regionalen Leckereien und lauter Disko- oder Volksmusik vergnügen.

Festa di San Constanzo am 14. Mai auf Capri.
Festa di Santa Restituta vom 17. bis 19. Mai in der Bucht von Lacco Ameno auf Ischia; große Bootsprozession.
In Palermo finden vom 11. bis 15. Juli große **Prozessionen** zu Ehren der **Stadtpatronin Santa Rosalia** statt.
In Neapel feiert man am 16. Juli die **Festa della Madonna del Carmine** mit einem großen Feuerwerk, in Matera wird ebenfalls im Juli das Fest der **Madonna della Bruna** begangen.
Am 14. August erinnert man in Sassari mit der Lichterprozession **Festa dei Candelieri** an das Ende der Pest.
Am letzten Sonntag im August findet mit der **Sagra del Redentore** in Nuoro eines der größten religiösen Feste Sardiniens statt.

Musikfestspiele: Im Juli und August treten internationale Stars bei den **Panathenäen** in den Amphitheatern von Pompeji auf, in der Villa Rufolo in Ravello werden **Wagner-Konzerte** veranstaltet.
Im Antiken Theater von Taormina gibt es Mitte August beim **Festival Taormina Arte** Konzerte und Opern, in Lecce trifft man sich bei den **Serate e Notti d'Estate** zu Rock, Tanz und klassischen Konzerten. Das neapolitanische Schlagerfestival hat die **Festa della Piedigrotta** vom 7. bis 9. September als Termin.

Küche und Keller

Käse, Nudeln, Nachspeisen – das sind die drei Trümpfe der traditionellen Landküche des Südens. Man bräuchte Jahre, um sich durch die Kochbücher der Matronen zu schlemmen. Doch so unterschiedlich die regionalen Rezepte sein mögen, eines haben sie gemein: Der Hauptgang muss schmecken und sättigen, auch wenn die Auswahl an Zutaten begrenzt ist!

Regionale Spezialitäten

In den alten Hirtenkulturen **Sardiniens** und **Kalabriens** kommt bevorzugt Fleisch auf den Tisch: in deftigen Eintöpfen wie dem *suffritu,* als Fleischsoße *(ragù),* in pikanten Wurstketten *(salsicce, capicolli)* und immer wieder Innereien *(murseddu, cordula)* in sämigen Soßen. Ein knuspriger Genuss ist das sardische Spanferkel *porceddu,* das ebenso wie die traditionellen Brotsorten der Insel gerne bei den Heiligenfesten angeboten wird.

An der **Küste** stehen nach wie vor fangfrischer Fisch und Meeresfrüchte auf den Speisekarten, allerdings sind die Muscheln aus dem Golf von Neapel *(cozze, vongole)* durch Umweltgifte belastet. Feine Austern züchtet man am Stiefelsporn, dem Gargano, während rund um Reggio di Calabria die besten Schwertfischrouladen *(involtini di pesce spada)* zubereitet werden.

Sizilianische Klassiker sind *pasta con le sarde* (Nudeln mit Sardinen) und schwarze Tintenfischsoßen. In Apulien dagegen ist die Vielfalt der Gemüsegerichte ein Erlebnis: gefüllte Auberginen *(melanzane ripiene)* oder *torta rustica,* einen deftigen Gemüsekuchen mit Käse, sollte man auf jeden Fall probieren.

Neapels Fischmarkt ist ein Erlebnis

Primo – Secondo – Dolce

Vorspeisen

Köstlich lassen sich marktfrische Zutaten mit Nudeln in jeder Form – und fast jeder Farbe – kombinieren, die *al dente,* das heißt bissfest und in großen Portionen aufgetragen werden.

Da Nudeln gerne als *primo* angeboten werden, sind (deutsche) Durchschnittsurlauber oft schon nach der Vorspeise satt – im Unterschied zu den einheimischen Gästen. Denn wer in Italien essen geht, hat Zeit, Appetit, gute Laune und genügend Geld für eine saftige Rechnung samt obligatorischem *coperto* (Gedeck)!

Will jemand nur schnell den Magen füllen, holt er sich ein *dolce* (süßes Gebäck) an der Bar oder eine Pizza vom Blech. Die beste Pizza Margherita gibt es übrigens in Neapel, dort wurde sie schließlich erfunden!

Hauptgang

Als Hauptgericht *(secondo)* serviert man relativ kleine Portionen mit Fleisch bzw. Fisch und leider immer öfter mit Pommes frites als Beilage.

Apulien weckt auf den Märkten kulinarische Sehnsüchte

Süßes und Käse
Die wahren Gaumenfreunden kommen am Ende eines guten Essens, wenn schon nichts mehr in den Magen passt: deftige Käsesorten wie Peccorino, Provolone, Caciocavallo und echte Büffelmozzarella.
Oder süßes Gebäck in raffiniertesten Formen, das man sich am besten in einer der vielen Konditoreien auswählt: knusprig zart wie die mit Ricotta gefüllten *sfolgliatelle,* feine Mandelplätzchen, Feigenmus, Honigküchlein und tausend andere Kaloriensünden.

Schwung im Glas

Natürlich gibt es auch gute **Weine** aus dem Süden, allerdings besinnen sich Winzer erst in den letzten Jahren darauf, mehr Qualität statt Masse zu produzieren, um so mit den etablierten Erzeugern in Norditalien konkurrieren zu können.

Bekannt ist der sizilianische Dessertwein **Marsala,** der im 19. Jh. als Alternative zum Madeira kreiert wurde. Inzwischen gibt es davon auch feine, trockene Varianten, die als Kochwein viel zu schade wären. An den Hängen des Vesuv wachsen die Trauben für die lieblichen **Lacrimae-Christi-Weine,** aus Apulien kommt der angenehm trockene Weißwein **Locorotondo.**

Groß ist die Auswahl bei den Likören aus Süditalien: Unbehandelte Zitronenschalen geben dem knallgelben **Limoncello** die charakteristische Farbe, das Aroma des sardischen **Mirto** kommt von Myrtenblättern und der sizilianische **Amaro** ist ein Magenbitter aus fein herben Kräutern.

Tipp Vorfreude auf kulinarische Genüsse und Abhilfe bei Appetitattacken bieten die informativen Seiten der italienischen Internet-Händler:
- **www.eatitalyweb.com**
- **www.italiastore.com**
- **www.deliziedisardegna.com**

Vielfältig zu verwendende Mitbringsel sind die getrockneten Gemüse-Kräutermischungen für würzige süditalienische Soßen. Überall werden sie auf den Märkten angeboten.

Urlaub aktiv

Bei knapp 8000 km Küstenlinie ist es in Süditalien kein Problem, einsame Felsenbuchten oder turbulente Traumstrände zu finden. Das Angebot im Wassersport reicht von Leihkajaks bis zum kurzen Paragliding-Trip.

!! Zwischen den Felsen leben viele **Seeigel,** Badeschuhe schützen vor schmerzhaften Begegnungen; gefährlich sind **Feuerquallen** im Wasser.

Wandern lässt sich bestens mit Kultur verbinden, hier bei Segesta, Sizilien

Segeln – Surfen

Sportliche Törns oder mit Tauchen kombinierte Segeltouren entlang der **Nordküste Siziliens** sowie rund um **Sardinien** bieten mehrere Jachtcharter-Firmen an. Adressen bei ENIT.

Eine Herausforderung für Surfkönner sind die windigen Küsten Sardiniens bei **Stintino, Torre di Chia** und **Santa Teresa di Gallura.**

Wandern – Fahrradtouren – Reiten

In den Bergregionen des Aspromonte, der Barbagia, in sizilianischen Naturparks, auf den Liparischen Inseln und der Sorrentiner Halbinsel werden immer mehr **Wanderwege** markiert.

Geführte Touren bieten an: **Club Alpino Italiano, Deutscher Alpenverein** (DAV Summit Club, München), **StudienKontaktReisen** (SKR), Bonn, sowie **Wikinger Reisen,** Hagen.

Einzelne Hoteliers im Gargano, im südlichen Kampanien sowie auf den Inseln organisieren Tagestouren auf Fahrrädern. Sardiniens Fremdenverkehrsamt hat einen **Mountainbikeführer** herausgegeben.

Viele Agriturismo-Betriebe (S. 29) halten für ihre Gäste auch **Pferde** und organisieren gemeinsame Ausritte. Infos über die örtlichen Verkehrsämter.

Golf

18-Loch-Anlagen internationalen Standards gibt es u. a. bei **Castiglione di Sicilia,** bei **Porto Cervo** und **Pula** auf Sardinien sowie bei **Bari** und **Castellaneta Marinara** in Apulien.

Wellness

Berühmt für Badekuren ist **Ischia,** wo sich jedes zweite Hotel einer eigenen heißen Quelle rühmt. Kleinere Kurorte mit überwiegend italienischem Publikum sind **Lamezia Terme** in Kalabrien und **Sciacca** auf Sizilien.

Sprachkurse

Italienisch mit südlichem Zungenschlag unterrichten nur wenige Schulen in **Neapel, Palermo** und **Reggio di Calabria.** Adressenliste bei ENIT.

Unterkunft

Hotels

Vor allem die Strandhotels und die Häuser auf der Sorrentiner Halbinsel werden über Reiseveranstalter gefüllt. Wer auf Qualität und Ruhe wert legt, sollte Hotels meiden, in denen Busunternehmen buchen.

An **Ostern** und in der **Hauptsaison** ist es generell schwierig, ohne langfristige Reservierung ein Zimmer zu erhalten. Die **Preise** sind dann meist unverschämt hoch, der Standard oft erbärmlich.

Ein generelles Problem in italienischen Hotels sind durchgelegene Matratzen und das minimalistische »erweiterte italienische Frühstück«.

Während der **Vor- und Nachsaison** gibt es – abgesehen von Neapel, wo Mittelklassehotels fehlen – ausreichend Unterkünfte jeder Kategorie. Besonders zu empfehlen für einen längeren Aufenthalt sind Ferienapartments und Landgasthäuser.

Agriturismo

Unter dem Sammelbegriff Agriturismo kann man sowohl schlichte Zimmer auf dem Bauernhof finden wie auch kleine, feine Ferienanlagen in ländlicher Idylle. Das Angebot variiert ebenso wie die Preise, meist ist die Betreuung jedoch herzlich und das Essen köstlich.

i **Agriturist Campania,** Corso Arnalds Lucci 137, 80142 Napoli, Tel. 0 81 28 40 77.
▮ **Agriturist Sardegna,** Viale Trieste 6, 90123 Cagliari, Tel. 0 70 66 83 30, sowie bei den lokalen Informationsbüros.

Auch in Trulli können Sie übernachten

Jugendherbergen

Die wenigen Schlafsäle und Mehrbettzimmer sind im Sommer ständig überfüllt, sodass man seinen Aufenthalt langfristig reservieren muss.

i **Associazione alberghi per la gioventù,** Via Cavour 44, 00184 Rom, Tel. 0 64 87 11 52, Fax 0 64 88 04 92; www.hostels-aig.org.

Camping

Zwar gibt es relativ viele Plätze, insbesondere an den touristisch erschlossenen Küsten, aber nur selten sind sie schön gelegen. Außerdem kann man für denselben Preis auch auf einem Bauernhof übernachten. Auf Capri ist Camping verboten.

i Verzeichnisse gibt es bei: **Federazione Italiana del Campeggio,** Via Vittorio Emanuele 11, 50041 Calenzano, Tel. 0 55 88 23 91, Fax 05 58 82 59 18.

Reisewege

Anreise

Mit dem Flugzeug

Ganzjährig gibt es Direktflüge von vielen deutschen Städten über das Drehkreuz München zum Flughafen Napoli-Capodichino.

Nach Palermo und Catania auf Sizilien, Cagliari und Olbia auf Sardinien sowie Foggia, Bari und Brindisi in Apulien bzw. Reggio di Calabria, Crotone und Lamezia Terme in Kalabrien kommt man per Linienflug nur mit Umsteigen in Rom oder Mailand.

Während der Saison gibt es allerdings **Charterflüge** von Deutschland direkt in die bedeutenden Ferienregionen Süditaliens.

Mit der Bahn

Mehrmals täglich bestehen direkte Bahnverbindungen von Stuttgart, München, Zürich und Wien nach Rom oder Neapel, wo man gute Anschlussmöglichkeiten Richtung Palermo, Reggio di Calabria bzw. Brindisi hat.

Im Sommer verkehren **Autoreisezüge** zwischen München und Neapel.

Mit dem Auto

Ein gut ausgebautes Schnellstraßennetz führt entlang der adriatischen und tyrrhenischen Küste nach Süden. Ab Salerno ist die **Autostrada del Sole** nicht mehr mautpflichtig.

Fähren

Regelmäßige Fährverbindungen bestehen mit den großen Inseln ab Genua, La Spezia, Livorno, Civitavecchia und Neapel.

Kleinere Fähren legen u. a. auch in Sorrento, Messina, Palermo, Trapani und Arbatax ab. Wer mit dem Auto übersetzen will, muss vor allem im Sommer rechtzeitig einen Platz buchen und wegen aktueller Fährplanänderungen früh genug am Hafen sein.

Taxistand auf der Insel Procida

Unterwegs in Süditalien

Wer nicht mit dem eigenen Auto anreist, kommt am besten mit einem kleinen **Mietwagen** überall hin.

Nebenstraßen sind oft eng, der süditalienische Fahrstil eher abenteuerlich. Verkehrsdelikte werden streng bestraft, wenn der Sünder keine guten Kontakte zu den Carabinieri hat.

Sehr gut organisiert ist – zumindest tagsüber – das **Busnetz** in Kampanien, Apulien und auf Sardinien. Am späten Nachmittag sind die Busse jedoch übervoll, sodass es einem passieren kann, nicht mitgenommen zu werden. Für längere Touren sind die lokalen Busse nicht geeignet.

Eine angenehme Alternative zur Straße sind kleine **Fähren,** die an der Küste Kampaniens, Kalabriens und Siziliens verkehren. Vor allem Tagesausflüge lassen sich damit bestens organisieren.

Hotel Sirenuse in Positano

***Neapel

Antik, modern, persönlich

Seite 36

Bella Napoli, das ist nicht nur eine turbulente Großstadt mit dem morbiden Charme bröckelnder Fassaden, sondern auch das moderne Banken- und Verwaltungszentrum Süditaliens. Neapel ist laut, hektisch – und immer wieder sehenswert, denn in den alten Vierteln vermischen sich die Zeiten: Noch immer hängt die Wäsche auf verknoteten Leinen über den Gassen, während die Hausfrau ihre Bambini per Mobiltelefon zum Essen ruft. Und auf den Märkten feilschen Damen in Designerkleidern energisch um die frischesten Tomaten und die beste Büffelmozzarella für die Pizza Margherita, die – naturalmente – in Neapel erfunden wurde!

Wie ein Lanzenhieb durchschneidet die Spaccanapoli die Altstadt

Geschichte

Auf den Grundmauern des antiken griechischen Handelszentrums *Neapolis* (»Neue Stadt«) entwickelte sich seit dem 5. Jh. v. Chr. die drittgrößte Stadt Italiens mit gegenwärtig rund 1,3 Millionen Einwohnern. Strategisch günstig schmiegt sie sich in die geschützte Bucht des Golfs von Neapel, behütet und bedroht vom Vulkankegel des Vesuv.

Ihre turbulente Geschichte spiegelt die Triumphe und Niederlagen der bedeutenden europäischen Eroberer wider: Gotische Kirchen zeugen von der Blütezeit im Mittelalter, unter der spanischen Regentschaft wuchsen im 16. und 17. Jh. die engen Quartiere von Soldaten und Handwerkern an den Hängen des Vomero hinauf. Prächtige Paläste der Adligen machten sich am Rand des Zentrums breit, Kirchen, Kapellen und Innenhöfe wurden herausgeputzt im opulenten Stil des süditalienischen Barock.

Wie es sich für die repräsentative Hauptstadt des Königreichs »Neapel und beider Sizilien« gehörte, hinterließen Könige, Baumeister, Porzellanmaler, Porträtisten und Krippenschnitzer ein sehr vielgestaltiges kulturelles Erbe, das erst in den letzten zehn Jahren wieder entdeckt und auch in seinem Glanz erneuert wurde.

Vor allem dem Einsatz des sozialistischen Bürgermeisters Antonio Bassolino verdanken die Neapolitaner mehrere groß angelegte Sanierungs- und Restaurationsarbeiten, ein Bankenviertel mit verspiegelten Wolkenkratzern und ein völlig neues Image: weg vom schmuddeligen Hort der Camorra-Killer und der Kleinkriminellen, hin zur wirtschaftlichen und kulturellen Metropole des Südens, in der es noch an jeder Straßenecke so wunderbar mediterran menschelt und die Laune macht zu bleiben.

Tipp Monatlich erscheint das kostenlose Magazin **Qui Napoli** mit vielen Veranstaltungshinweisen. Es ist bei den Informationsbüros in Italienisch und Englisch erhältlich.

Durch die Altstadt

Als Weltkulturerbe steht das von antiken Stadtplanern angelegte Gassengewirr der Altstadt mit seinen versteckten Gotteshäusern, verstaubten Handwerksläden, schicken Cafés und verwitterten Fassaden seit 1995 unter dem Schutz der UNESCO. Die Hauptschlagader dieses turbulenten Mikrokosmos ist eine schnurgerade Straßenschlucht, die vom Fuße des Vomero im Westen bis zum zwielichtigen Marktviertel Forcella am Castel Capuano verläuft.

**Spaccanapoli

Was der Volksmund Spaccanapoli (»Spaltet Neapel«) nennt, heißt auf dem Stadtplan – beginnend im Westen – Via D. Capitelli, B. Croce, S. Biagio dei Librai und Via Vicari Vecchi.

Parallel zur 3 km langen Spaccanapoli verläuft die **Via dei Tribunali;** auch diese quicklebendige Hauptstraße (die römische Decumanus-Achse) legten bereits die Griechen an. Zusätzlich durchschnitten schon damals mehrere Gassen in Nord-Süd-Richtung die Stadt, damit der Meereswind frische Luft in die Häuser blasen konnte. Wer sich heute, geleitet von antiker Stadtplanung, durch das Quartier zwischen den beiden Straßen treiben lässt, wird eine Zeitreise durch drei Jahrtausende erleben.

Piazza Gesù Nuovo

Die Erkundung beginnt auf der großen, von imposanten Palazzi begrenzten Piazza Gesù Nuovo. Den Platz ziert eine der schönsten barocken Pestsäulen Neapels, die **Guglia dell'Immaculata.** Hinter der auffälligen Diamantquaderfassade des 1470 erbauten Palazzo Sanseverino verbirgt sich die Jesuitenkirche **Gesù Nuovo.**

Schräg gegenüber steht der gotische Komplex von ****Santa Chiara ❶.** In den Seitenkapellen sind die gotischen Sarkophage der französischen Königsfamilie von Anjou aus dem

Alles für Weihnachten: Krippen sind in der Via S. Gregorio Armeno das Geschäft

Seite 36

Pulcinella

Gleich doppelt bringt ein Talisman Glück, der in den Geschäften der Via Gregorio Armeno für wenige Lire verkauft wird: Er sieht aus wie eine rote Peperonischote mit maskiertem Kopf. Die Maske stellt Pulcinella dar, den gewitzten Diener aus der Commedia dell'Arte und Inbegriff des neapolitanischen Selbstverständnisses. Kombiniert man daher den Mutterwitz von Pulcinella mit der archaischen Kraft des roten Hornes, dann schützt der Anhänger vor jeglichem Unbill und dem bösen Blick!

14. Jh. aufgestellt, besonders würdevoll ist das Grabmal von König Robert dem Weisen mit einem 14 m hohen Steinbaldachin.

In dem an die Kirche grenzenden **Kreuzgang** dagegen prägt barocke Heiterkeit die Atmosphäre. Tausende von handbemalten Majolika-Kacheln aus dem 17. Jh. schmücken Mauern, Bänke und Laubengänge; ein Teil der Keramikbilder mit den lebhaften Landschafts-, Jagd- und religiösen Szenen wurde allerdings bei der Renovierung erneuert.

Seite 36

*Cappella Sansevero ❷

In der 1590 erbauten Cappella (in der Nebenstraße Via F. de Sanctis gelegen) sorgt der Nachlass des experimentierfreudigen Fürsten und Alchimisten Don Raimondo di Sangro für Gänsehaut: Schon die zarten Marmorskulpturen, vor allem Guiseppe Sammartinos »Verhüllter Christus«, wirken wie verzaubert, und im Keller sind die Skelette eines Mannes und einer schwangeren Frau mit »versteinertem« Aderngeflecht ausgestellt.

Durch schmale Gässchen

Zwischen kleinen Devotionalienläden zweigt von der Spaccanapoli nach links die Gasse der Krippenhändler, die Via San Gregorio Armeno, ab und führt, vorbei am Campanile der prächtigen Barockkirche **San Gregorio dei Armeni,** hinauf zur Via dei Tribunali und **San Lorenzo Maggiore ❸,** der schönsten gotischen Basilika Neapels: Aus gelbem Tuffstein schufen Baumeister und Steinmetze aus der Provence im 13./14. Jh. ein sehr leicht wirkendes Gebäude; die Fassade wurde erst 1743 vollendet.

Wer dort den Wegweisern ***Napoli sotterrànea** durch den Innenhof folgt, steigt in wenigen Minuten 60 m hinab in die Antike. Ein kompletter Straßenzug mit Brunnen, kleinen Geschäften, Grabstätten und sogar einem römischen Backofen ist hier erhalten.

Ein Werk vieler Jahrhunderte: der Dom San Gennaro

Interessante Funde kann man in den **Antiquitätenläden** der Via Santa Maria di Costantinopoli machen, in der **Krippengasse Via San Gregorio Armeno** werden neben Figuren aller möglicher Berufsgruppen auch die Stars der Saison angeboten: Ferrari-Pilot Michael Schumacher als Ergänzung für Ochs und Esel ...

**Dom San Gennaro und *Baptisterium ❹

Eingezwängt zwischen Wohnhäuser wirkt der Dom mit seiner reizlosen neugotischen Fassade geradezu unbedeutend, dennoch ist er die wichtigste der rund 300 Kirchen Neapels. Vermutlich wurde die gotische Hallenkirche Ende des 13. Jhs. von Karl I. von Anjou gegründet. Sein Grab liegt über dem Hauptportal.

Den hohen Raum überspannt eine wertvolle, goldbeschlagene Holzdecke. In der 1608 angefügten, barocken **Cappella di San Gennaro** werden in einem silbernen Reliquiar die Phiolen mit dem Blut des hl. Januarius aufbewahrt (s. unten).

Auf der gegenüberliegenden Seite des Kirchenschiffs befindet sich der Zugang zur Basilika Santa Restituta aus dem 9. Jh. mit dem sehenswerten ***Baptisterium**. Den Kuppelraum schmücken frühchristliche Mosaiken aus dem 4. Jh.

Ideal für die Mußestunde à la Napoli: eines der schönen Cafés in der Altstadt

Seite 36

***Museo Archeologico Nazionale ❺

Auch wenn die Sonne scheint und die Korbstühle vor den Straßencafés verlockend bequem aussehen, so sollte man sich doch Zeit für die wichtigsten Sehenswürdigkeiten am Rand der Innenstadt nehmen.

Am Archäologischen Nationalmuseum mit seiner einzigartigen Sammlung antiker Schätze führt kein Weg vorbei. Es genießt Weltruf und verdankt seinen opulente Ausstattung der Goldgier der Bourbonen, die mit den Funden aus Pompeji, Herculaneum, Oplontis und Paestum einst ihre privaten Gemächer ausstaffierten.

Star der antiken Statuensammlung im Erdgeschoss ist der **Farnesische Stier**, eine gewaltige Marmorgruppe aus den Caracalla-Thermen in Rom.

Das aus Pompeji stammende großartige **Mosaik der Alexanderschlacht** zwischen Alexander (links) und dem Perserkönig Dareios (5,82 x 3,13 m), die überwältigen schönen Wandmalereien (im Obergeschoss), z. B. die Darstellung der »Drei Grazien«, mit Mosa-

Oh Wunder, das Blut!

Hoffentlich werden sie auch diesmal wieder flüssig, die verehrten Blutstropfen des San Gennaro, der im Dom verehrt wird. Jedes Jahr am ersten Sonntag im Mai, am 19. September und am 16. Dezember muss das Blutwunder geschehen, sonst passiert ein Unglück! Wenn aber nach mehrmaligem Schütteln die roten Tropfen in den Phiolen perlen, dann wissen die Neapolitaner, dass ihr Stadtpatron seine schützende Hand weiterhin über sie hält. Und damit hat der hl. Januarius, ein frühchristlicher Märtyrer mit großartigen Talenten, auch genug zu tun: Er sorgt dafür, dass der Vesuv nicht ausbricht, der SSC Napoli kein Tor zu viel kassiert und die Finanzbehörden weiter schlafen ... Solange es funktioniert, spielt es auch keine Rolle, ob Wissenschaftler das Wunder mit einem alchimistischen Geliertrick erklären, dem Ketchup-Effekt. Schließlich werde auch die Tomatenmasse flüssig, wenn man sie nur lange genug schüttelt ...

iken ornamentierte Säulen, Bronzeplastiken und Pretiosen aus den Vesuvstädten vermitteln weit mehr Eindrücke über die spannende Zeit der Griechen und Römer als viele Geschichtsstunden, lediglich das antike erotische Kabinett *(Gabinetto segreto)* verspricht mehr, als es zeigt (10–14 Uhr, im Sommer bis 18 Uhr; Di geschl.)

Seite 36

Capodimonte und Vomero

Vom Hügel am Nordrand der Innenstadt hat man vor allem in den Morgenstunden einen fantastischen Panoramablick über die Stadt und die Bucht von Neapel bis zum grauen Kegel des Vesuv.

Aber auch das **Museo di Capodimonte** mit seiner **Galleria Napoleta-**

❶ Santa Chiara
❷ Cappella Sansevero
❸ San Lorenzo Maggiore
❹ Dom San Gennaro und Baptisterium
❺ Museo Archeologico Nazionale
❻ Castel Nuovo
❼ Palazzo Reale
❽ Galleria Umberto I

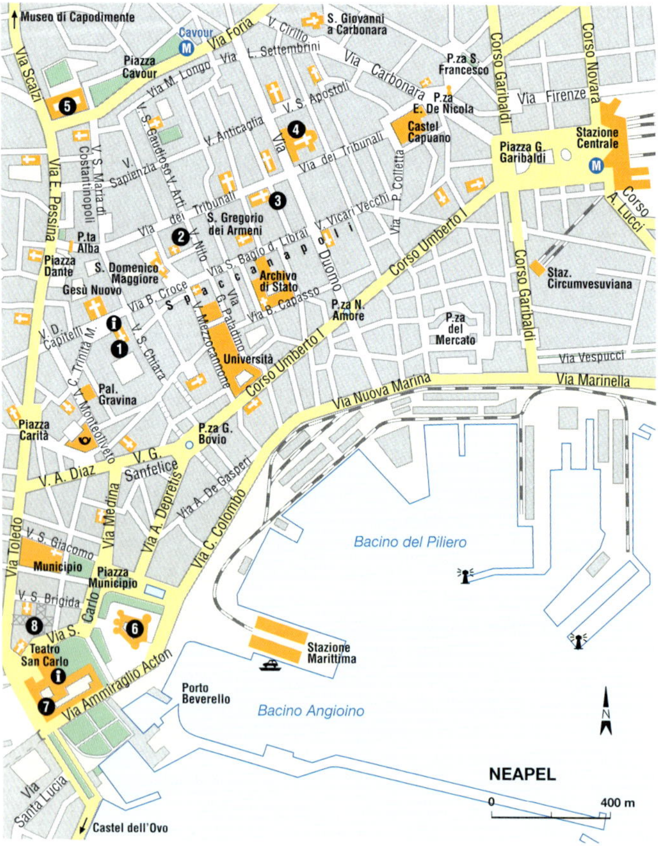

Castel dell'Ovo war einst Neapels wichtigste Seefestung

Seite 36

na, einer wertvollen Sammlung von mehr als 300 Gemälden (u.a. Raffael, Tizian und Caravaggio), ist einen Besuch wert (tgl. 10–19, Fei 9–14 Uhr). Karl III. von Bourbon hatte den Palast im Jahr 1738 als Ausstellungsort für die ererbte Farnesische Sammlung bauen lassen. Auch Prachtstücke aus der bereits 1805 geschlossenen Porzellanmanufaktur Campodimonte sind dort präsentiert.

Weiter südlich erhebt sich auf dem Hügel Vomero das **Castel Sant'Elmo** mit dem säkularisierten Kartäuserkloster **Certosa di San Martino** (gegr. 1325), in dem ein Heimatmuseum untergebracht ist. Abgesehen von geschichtlichen Dokumenten sind es die interessanten Krippen, die mit ihrer teils realistischen Darstellung des Alltags das Leben vor einigen hundert Jahren plastisch werden lassen.

Treppenwege führen hinunter in die dunklen Ecken des Spanischen Viertels, des *quartieri spagnoli,* wo nur das Knattern der Mopeds und das Bimmeln der Mobiltelefone daran erinnern, dass die Neapolitaner nicht mehr im 19. Jh. leben.

Castel dell'Ovo und Castel Nuovo ❻

Zur Meerseite riegelt die Seefestung **Castel dell'Ovo,** heute ein modernes Konferenzzentrum hinter historischen Mauern, die Stadt ab. Glaubt man den Legenden, so wurde es entweder auf einem riesigen Ei oder auf den Ruinen der Villen des Lucullus erbaut.

Neapels zweite Trutzburg am Wasser ist das wuchtige **Castel Nuovo,** das 1279–1282 unter Karl I. von Anjou errichtet und im 15. Jh. erweitert wurde. Beeindruckend sind der Triumphbogen am Tor im Stil der Renaissance, das Portal zur Palastkapelle sowie das Kreuzrippengewölbe in der Sala dei Baroni, in der heute der Stadtrat tagt.

*Palazzo Reale ❼ und Galleria Umberto I

Den spanischen Vizekönigen war Castel Nuovo auf Dauer nicht komfortabel genug, weshalb sie sich anno 1600 einige hundert Meter entfernt einen repräsentativen Palast bauen ließen,

Galleria Umberto I

Seite 36

den 169 m langen Palazzo Reale. An dessen Stirnseite blicken acht ernste Herren, Repräsentanten der Herrschergeschlechter von Neapel, auf die Piazza del Plebiscito und die neoklassizistische Kirche San Francesco di Paola hinunter.

Hinter dem Palast befindet sich das älteste, ständig bespielte Opernhaus Europas, das im Jahr 1737 eingeweihte und 1816 nach einem schweren Brand rasch wieder aufgebaute **Teatro San Carlo.** Ob Verdi oder Puccini, Caruso oder Pavarotti, alle Stars der italienischen Opernwelt ließen sich hier umjubeln.

Waren es zur Eröffnung 1890 die Schönen und Reichen, die vor der Opernaufführung durch die noble **Galleria Umberto I ❽** flanierten und unter dem Glasdach an ihrem *aperitivo* nippten, so ist die marmorgepflasterte Einkaufspassage heute eher ein ganz normales Ladenzentrum – aber mit auffallend schönen Fassaden unter einem filigranen Eisen- und Glashimmel.

Infos

AACST, Palazzo Reale, Piazza del Plebiscito, 80132 Napoli, Tel. 0 81 41 87 44, 08 15 80 82 16 und 08 12 52 57 11, Fax 0 81 41 86 19, geöffnet Mo–Fr 9–14 Uhr. Weitere Informationsbüros am Hauptbahnhof, Flughafen und an der P.za Gesù Nuovo 7/8. Im Internet: www.napoli. com; www.ept.nappoli.it; www.comune.napoli.it.

Tipp Die Stadtverwaltung organisiert gegen Voranmeldung kostenlose, zweieinhalbstündige **Stadtrundfahrten** mit einem Doppeldeckerbus. Informationen im Palazzo Reale, Tel. 08 17 79 32 83.

Flughafen: Napoli-Campodichino (12 km), stündlich verkehren Busse ins Stadtzentrum.
Bahnhof: Stazione Centrale, Zugverbindungen in den Süden und nach Sizilien;
Station der Circumvesuviana über Herculaneum und Pompeji bis Sorrento sowie der Metro bis Pozzuoli; Zugauskunft: Tel. 08 15 53 41 88.
Busverbindungen: Stadt- und Überlandbusse fahren auf der Piazza Garibaldi vor der Stazione Centrale ab.
Schiffsverbindungen: Ab Molo Beverello und dem Hafen Mergellina Tragflügelboote (Aliscalfi) und Autofähren nach Ischia, Procida, Capri und Sorrento.
Ab Molo Angioino (Stazione Marittima) große Fährschiffe nach Sizilien, Kalabrien, Malta und zu den Liparischen Inseln.
Parken: Außer bewachten Hotelparkplätzen keine sicheren, legalen Stellplätze. Kurzparkzonen mit Parkautomaten in der Innenstadt.

Jolly Ambassador, Via Medina 70, Tel. 0 81 41 60 00. Nobelhotel mit herrlicher Aussicht. ○○○

Im Schlosspark von Caserta

Rex, Via Paleopoli 12, Tel. 08 17 64 93 89. Angenehmes Haus mit Jugendstil-Dekor am Borgo Marinari. ❍❍

Albergo Bellini, Via S. Paolo 44, Tel. 0 81 45 69 96. Einfaches, sehr familiäres Hotel in der Altstadt. ❍

Seite 36/89

Sacrestia, Via Orazio 116, Tel. 0 81 66 41 86, Mo Ruhetag. Neapels derzeit feinste Adresse; unbedingt reservieren. ❍❍❍

Ciro a Santa Brigida, Via Santa Brigida 71, Tel. 08 15 52 40 74, So Ruhetag. Ein beliebter und stets gut besuchter Künstlertreff in der Nähe der Galleria Umberto I. ❍❍

Pizzeria Brandi, Salita S. Anna di Palazzo 2, Tel. 0 81 41 69 28. Hier wurde im Juni 1889 die Pizza Margherita erfunden. ❍

Gran Caffè Gambrinus, Piazza Trieste e Trento, Tel. 0 81 41 75 82. Traditionsreiches Kaffeehaus mit stolzen Preisen. ❍❍

Die **Piazza Bellini** zwischen Via Toledo und der Akademie der Schönen Künste ist ein beliebter Treffpunkt für junge Leute, gesäumt von interessanten Buchläden und gemütlichen Cafés, wie etwa dem verwinkelten, originell eingerichteten **Intra Moenia.**

Tipp **Antizyklisch in die Umgebung reisen:** Vom liebenswerten Chaos auf den Straßen Neapels kann man sich im Umland nur erholen, wenn man seinen Besichtigungsplan antizyklisch organisiert. Also: Frühmorgens nach Caserta und auf den Vesuv, mittags weiter nach Pompeji und nachmittags in die Kirchen – wenn sie geöffnet sind! Denn mit neapolitanischer Nonchalance setzt man sich hier gerne über jedwede Vorgabe hinweg ...

*Caserta

Ein Versailles des Südens wollte sich der Bourbone Karl II. nördlich von Neapel bauen lassen. So entstand von 1752–1774 unter der Leitung des Baumeisters Luigi Vanvitelli der kolossale ****Palazzo Reale** von Caserta, 8,7 Mio. Dukaten teuer, 247 m lang, 184 m breit, mit 1200 Zimmern und knapp 2000 Fenstern. Allerdings war zum Ende der Bauzeit die Kasse leer, der Baumeister gestorben und der König mit größeren Aufgaben beschäftigt, denn Karl regierte inzwischen auf dem Thron des spanischen Weltreiches.

Einzigartig an diesem fehlgeplanten Prachtschloss sind der 120 ha große barocke ***Park** mit seinen Kaskaden und die pompöse ****Freitreppe** (Di–So 9 Uhr bis 1 Std. vor Sonnenuntergang, Tel. 08 23 32 14 00).

Das Kontrastprogramm können Sie wenige Kilometer weiter erleben, denn das Städtchen **Caserta Vecchia** hat seine mittelalterliche Struktur vollständig erhalten. Hinter der prächtigen Fassade des Duomo San Michele aus dem 16. Jh. wartet eine weitere Überraschung: Den schiefen Boden im Innenraum haben die Bauleute durch unterschiedlich lange Säulen ausgeglichen.

*Cumae

Wer den brodelnden Höllenschlund der Antike mit eigenen Augen sehen will, muss an die westliche Flanke des Golfs von Neapel fahren. Dort zischt und brodelt in den **Phlegräischen Feldern** Schwefeldampf aus dem Erdinneren und hüllt die öde Landschaft in eine stinkende Wolke.

Eine solch' mystische Gegend bot sich den Griechen geradezu an als Standort für ein Orakel. Bereits im

Seite 89

Herculaneum besticht auch durch seine Fresken, hier im Collegio degli Augustali

8. Jh. wurde ein Siedlung gegründet, die älteste griechische Niederlassung in Italien.

1932 führten die knapp 2000 Jahre alten Berichte des Dichters Vergil über die Prophezeiungen der Sibyllen zur Wiederentdeckung des **antiken Heiligtums** Cumae (griech.: Kyme). Heute umgibt ein **archäologischer Park** die legendäre **Sibyllengrotte.** Am Ende dieses ca. 130 m langen Gangs mit einem falschen Gewölbe, der in den Tuffsteinhügel gegraben ist, lag der eigentliche Ort der Weissagungen der Apollo-Priesterin. Reste von Tempeln bilden die **Akropolis.**

**Herculaneum

Kleiner, feiner und ruhiger als das Massenziel Pompeji ist die archäologische Zone Herculaneum. Hier blieben unter meterhoher Lava nicht nur die Mauern, sondern ganze Häuser samt den Möbeln, Holztreppen und Dächern erhalten. Heute jedoch kämpfen die Experten mit den zerstörerischen Folgen von Autoabgasen und Umweltgiften, die das historische Juwel bedrohen.

Als wäre einfach nur die Zeit stehen geblieben, so kann man in den Werkstätten der Handwerker, in schmucken Atrien und zauberhaften Kleingärten den römischen Alltag studieren.

Höhepunkte eines Spaziergangs durch Herculaneum sind die ***Casa dei Cervi,** eine Villa mit einem bemaltem Portikus sowie der Skulpturengruppe einer Hirschjagd, und die **Casa a Graticcio.** In diesem Mietshaus in Fachwerkbauweise wird deutlich, dass nicht alle Römer in Villen logierten und sich von Sklaven bedienen ließen. Viele Handwerker, Lastenträger und Seeleute lebten mit ihren Familien ähnlich beengt wie die Menschen im Mittelalter. Einzigartig ist auch die hölzerne Trennwand in der **Casa del Tramezzo di Legno** gegenüber der städtischen Thermen.

i **Scavi archeologici,** P.za Museo 1, Tel. 08 17 39 09 63; 9 Uhr bis 1 Stunde vor Sonnenuntergang.

Seite 89

Immer die Gefahr vor Augen: die Ruinenstadt Pompeji mit Blick auf den Vesuv

Im Banne des Vesuv

Die prächtigsten Relikte der reichen Geschichte Kampaniens im Altertum liegen am Fuße des Vesuv. Nur dank einer Katastrophe sind sie so gut erhalten: Als nach Jahrhunderten der Ruhe am 24. August 79 der nahe Vulkan fauchte und Feuer spuckte, glaubten die meisten Bewohner der Städte Herculaneum, Stabiae und Pompeji allen Warnungen zum Trotz nicht an eine ernst zu nehmende Gefahr – und starben zu Tausenden in ihren Häusern, verbrannt in einer heißen Wolke aus giftigem Schwefelgas, erstickt unter einer bis zu sieben Meter hohen Asche-Lava-Schicht. 5000 Tote waren zu beklagen, 20 % der örtlichen Bevölkerung. In den Jahren 203, 473, 1631 und 1944 waren weitere schwere Ausbrüche zu verzeichnen. In den 1950er-Jahren erlosch der Vulkan.

Für Jahrhunderte waren die Vesuvstädte ausgelöscht, erst der chronische Geldmangel in der Kasse der Bourbonen führte im Jahr 1748 dazu, dass in ihrem Auftrag Archäologen nach den sagenhaften Goldschätzen der Römer suchten. Viele alte Mauern wurden einfach beiseite geräumt, die Funde kassierte das Königshaus ein.

Erst 1864 erlaubte man dem Wissenschaftler Giuseppe Fiorelli, systematisch nach den Relikten aus der Antike zu graben und Lagepläne zu zeichnen. Inzwischen ist die Stadt Pompeji zu etwa einem Drittel freigelegt, in Herculaneum sind nur wenige der antiken Straßenzüge zugänglich, da direkt über der verschütteten Stadt das moderne Ercolano aufgebaut wurde, das bei weiteren Grabungen im Untergrund einstürzen würde.

***Pompeji

Als die Katastrophe geschah, war Pompeji eine reiche Hafen- und Handelsstadt. Heute sind die Ausgrabungen tagtäglich das Ziel tausender Kulturtouristen, die von leider oft unmotivierten Fremdenführern durch 2000 Jahre alte Häuserleichen getrieben werden. Mindestens fünf Stunden Zeit und Kondition sollte man mitbringen, wenn man durch die **Porta Marina** tritt.

In den Geschäftsstraßen hinter dem Forum stapeln sich unklassifizierte Grabungsfunde für Generationen künftiger Archäologen, die bekanntesten Gebäude erkennt man leicht an den Menschenmassen, die sich hineindrängen.

Sehenswert sind die **Casa del Fauno** mit ihren schmucken Innenhöfen (aus dem Haus stammt das große Mosaik der »Alexanderschlacht«, s. S. 35), die luxuriöse **Casa dei Vetti** mit ihrem oft erotischen Wandschmuck und die **Terme Stabiae,** die größte Badeanstalt des antiken Pompeji.

Abseits der allgemeinen Besichtigungsroute kann man sich in Ruhe die **Villa des Loreius Tiburtius** mit den prächtigen Fresken, und die beiden **Amphitheater** ansehen.

Die grandiose ***Villa dei Misterii** liegt außerhalb der Stadtmauern (im Nordwesten), hinter der beeindruckenden Gräberstraße. Von außen erkennt man schon an der Lage der Mysterienvilla, wie hoch der Ascheregen die Bauwerke bedeckte. Im Innern gibt ein farbenprächtiges *Wandgemälde mit 29 beinahe lebensgroßen Figuren der Fachwelt noch heute Rätsel auf. Vermutlich zeigt der Fries eine Brauteinweihung, d. h. eine rituelle Einführung der Frauen in den bacchantischen Dionysos-Kult. (9 Uhr bis eine Stunde vor Sonnenuntergang.)

AA, Via Sacra 1, 80045 Pompei (NA), Tel. 08 18 50 72 55, Fax 08 18 63 24 01, geöffnet tgl. 8–15 Uhr, März–Oktober auch 16–19 Uhr.
- **Scavi archeologici,** Porta Marina, Tel. 08 18 61 07 44.
- **www.pompeji.de**

Seite 89

Bahnhof: Haltestelle Pompeji Scavi der Linie **Circumvesuviana.**

Forum, Via Roma 99, Tel. 08 18 50 11 70. Sachlich-modernes Haus in der Nähe der Ausgrabungen. ○○.

Zi' Caterina, Via Roma 20, Tel. 08 18 50 74 47, Dienstag Ruhetag. Solide Hausmannskost und Meeresfrüchte zu fairen Preisen. ○○

**Vesuv

Am Morgen ist die Sicht noch klar am Kraterrand des Vesuv. 1277 m hoch ist der Feuerberg an seiner höchsten Stelle – und beunruhigend gefährlich. Die Vulkanologen in der roten Beobachtungsstation rechnen mit erneuten Eruptionen in der Zukunft, denn im Inneren des Vesuv drückt eine Gasblase mit ungeheuerem Druck nach oben.

Die Besucher, wie auch die Neapolitaner, die im Schatten des Berges leben, verdrängen derlei Szenarien und stapfen schwitzend vom Parkplatz die letzten 150 Höhenmeter hinauf, um einmal einen Blick in den Einsturzkessel der Caldera zu werfen. Dort weisen derzeit nur stinkende Schwefeldämpfe auf vulkanische Aktivität hin.

Bus: Die Haltestelle für den Bus zum Vesuv-Parkplatz liegt direkt am Circumvesuviana-Bahnhof Ercolano.

**Ischia

Italienisch Kuren mit Genuss

Seite 47

Heißem Wasser aus dem Erdinneren verdankt die Insel im Golf von Neapel ihre Attraktivität: Wenn die Knochen schmerzen und die Gelenke knarren, ist es Zeit für eine Badekur in den Thermen Ischias. Doch man muss keineswegs krank sein, um sich hier zu entspannen: Das heilsame Angebot ist eingebettet in opulente Gartenanlagen und grüne Weinterrassen, in den Orten verbergen sich stille Idyllen nur einen Steinwurf entfernt von lebhaften Piazzas. Das Hinterland bietet sich an für Wanderungen abseits der Touristenströme – nur am Gipfel des Epomeo trifft man sich wieder bei Bruschetta und gedünstetem Kaninchen. Ganz anders dagegen lebt es sich auf der felsigen Nachbarinsel Procida, wo die Fischer noch jeden Tag auf der Mole ihre Netze flicken und abends ungestört aufs Meer schauen, während die Fähren mit den Tagesausflügler am Horizont heimwärts ziehen.

Castello Aragonese

1881 und 1883 zerstörten Erdbeben die schlichten Steinhäuser der Bauernfamilien. »Entdeckt« wurde Ischia erst in den 1950er-Jahren. Damals begannen Reiseveranstalter und Hotelinvestoren mit der Vermarktung der Thermalquellen. Inzwischen leben fast alle Ischitaner vom Tourismus und betreiben Feldbau lediglich für den Eigenbedarf.

Geschichte

Mit 46 km^2 Größe und rund 40 000 Einwohnern ist Ischia nur ein kleiner Fleck auf der Landkarte Süditaliens, mit jährlich 500 000 Besuchern aber eines seiner wichtigsten Ziele.

Frühe Völker wie Etrusker, Phönizier oder Hellenen wurden auf der vulkanischen Insel nicht heimisch, auch die Römer nutzten nur kurz die Heilkraft der Quellen. 302 v. Chr. schuf ein Vulkanausbruch den Krater, der heute das Hafenbecken von Ischia Porto darstellt. Dies seit 1854, als man den Kraterring zum Meer hin durchschnitt.

Ischia Porto

Schon die Ankunft ist ein Erlebnis: Mit Schwung bahnen sich die großen Autofähren den Weg zwischen Segeljachten und Fischerbooten zu ihren Anlegestellen im engen Hafenbecken. Binnen weniger Minuten nimmt einen der heitere Trubel an Land gefangen: Bunte Mikrotaxis knattern durch die Straßen, vor den Boutiquen baumelt die Mode der Saison im leichten Wind, in den Straßencafés herrscht reger Betrieb – und man spricht deutsch.

Vom Hafen bis zum imposanten Castello Aragonese verbinden die **Via**

Immer eine lebhafte Bühne: der Hafen von Ischia Porto

Seite 47

Roma und der **Corso Vittoria Colonna** die beiden Stadtteile Porto und Ponte.

Zwischen all den Souvenirshops, Cafés, Restaurants und Kosmetikgeschäften ist leicht die schöne kleine Pfarrkirche **Santa Maria delle Grazie** mit ihrer farbenprächtigen Majolikakuppel sowie der Eingang zum lauschigen Stadtpark (Villa Communale) übersehen.

Das ***Castello Aragonese** ist der Höhepunkt eines Spaziergangs. Trutzig thront die 1438 unter Alfons von Aragón errichtete Burgfestung auf dem Isolotto-Felsen, den eine steinerne Brücke mit dem Stadtteil Ponte verbindet. Einst konnten in ihr bis zu 10 000 Bewohner Schutz vor Piraten und Eroberern finden.

Die Dichterin Vittoria Colonna, Gattin des Grafen Ferrante d'Avalos, lebte 1509 bis 1536 im Kastell. Als außergewöhnlich schöne und kluge Frau wurde sie von Michelangelo und anderen Künstlern der Renaissance verehrt. Im 19. Jh. darbten Verbannte und Gefangene hinter den Mauern (heute Privatbesitz, nur zeitweise zugänglich).

Per Lift erreicht man die mit wertvollen Fresken geschmückte **Chiesa dell'Assunta** (14. Jh.), die kleine **Chiesa San Pietro a Pantaniello** und das ehemalige **Klarissenkloster** (beide aus dem 16. Jh.) mit der makabren Grablege der Nonnen in der Krypta, wo die frommen Frauen zusehen mussten, wie ihre verstorbenen Mitschwestern an der Mauer sitzend verwesten (tgl. 9–19.30 Uhr).

i **AACST Ufficio Inf. di Ischia,** Corso Vittoria Colonna 108, Tel. 08 15 07 42 11.

Scalo Porto Salvo, Ischia Porto, Tel. 0 81 99 11 46 (April–Oktober tgl. 9–14 Uhr, Mo–Sa auch 15–20 Uhr).

Fähren: Verbindungen nach Neapel, Procida, Pozzuoli, Sorrento.

Campingplatz: **Eurocamping dei Pini,** Via delle Ginestre, Ischia Ponte, Tel. 0 81 98 20 69. ❍

Ciccio, Via Mazzarella 32, Ponte, Tel. 0 81 99 16 86. Lokale Küche, schöner Blick auf das Castello. ❍

Seite 47

Ischia Ponte – wer sagt, dass Kurorte ältlich sind?

Tipp **Einmal rund um die Insel:** Ideal für eine Tagesfahrt sind die **SEPSA-Busse,** die regelmäßig die Insel umrunden. Busse mit der Aufschrift **CD** fahren im Uhrzeigersinn, mit **CS** in umgekehrter Richtung. Mit einer **Tageskarte** kann man die abenteuerliche Fahrt über die kurvigen Straßen beliebig oft unterbrechen.

Die Nordküste

An der Nordküste gehen die kleinen Urlaubsorte mit ihren Palazzo-(Kur-) Hotels und den kubischen Ferienhäusern fast nahtlos ineinander über. In diesem Gebiet treten die meisten Quellen zutage.

Casamicciola Terme, wo schon Garibaldi in den Manzi-Thermen kurte, ist bekannt für seine edlen Hotels und die interessanten Keramiken aus der Werkstatt der Familie Menella.

Ein geruhsamer Spaziergang (30 Min.) hinauf zur **Sentinella** eröffnet schöne Ausblicke über die Küste.

Lacco Ameno

Im Meer liegen teuere Jachten lässig vertäut neben dem auffällig verwitterten Tuffstein-»Pilz« **Il Fungo,** während ihre Besitzer samt den obligatorisch blondierten Begleiterinnen im idyllischen Zentrum des Städtchens die teuren Boutiquen beehren.

Oberhalb des Ortes bilden die elegante **Villa Arbusto** und ihr Park den edlen Rahmen für das archäologische **Museo Civico Nazionale Pithaecusa** (Co. Rizzolo, Di–So 9–13, 15–18 Uhr). Das schönste Stück in der Sammlung antiker griechischer Exponate ist der prächtige »Becher des Nestor«, eine beschriftete Keramikschale aus dem Jahr 750 v. Chr.

San Montano (April–Okt.), Via Montevico, Lacco Ameno, Tel. 0 81 90 01 90. Herrlich auf einem Felsen vor Lacco Ameno gelegenes Luxushotel mit allerhöchstem Kur-Komfort. ○○○

Villa Angelica, Via IV Novembre 28, Lacco Ameno, Tel. 0 81 99 45 24. Freundliches, kleines Hotel mit gutem Service. ○○

Kurz hinter dem Museum biegt eine Straße ab zur traumhaften **Bucht von San Montano,** die in den 1960er-Jahren eine ideale Kulisse für Piratenfilme bot. Direkt daneben liegen in einer bezaubernden Gartenanlage die Badebecken der **Terme Negombo** (s. S. 49).

Tipp **La Mortella,** die fantasievolle Gartenanlage des Komponisten William Walton, ist ein botanisches Juwel mit ca. 200 tropischen und mediterranen Pflanzenarten. Im Sommer finden dort klassische Konzerte statt. Der Park liegt versteckt zwischen Lacco Ameno und Forio (Via Francesco Calise 35, Tel. 0 81 98 62 20; April bis Nov. Di, Do, Sa, So 9–18 Uhr).

Seite 47

Baia San Montano – Badeparadies und auch schon Kulisse für PIratenfilme

Die Westküste

Forio

An der Westseite Ischias liegt zwischen zwei großen Buchten das malerische Forio, ein vor allem bei Deutschen beliebter Urlaubsort. Früher lebten die Familien vom Fischfang und von der Seefahrt, weshalb die Fischer im 16. Jh. der Muttergottes eine Kirche stifteten: **Santa Maria del Soccorso.** Der Raum birgt Modelle alter Schiffs-

Seite 47

typen sowie ein Kruzifix, das im Jahr 1500 ein Sturm an die Klippen gespült haben soll. Wenn abends hinter dem strahlend weißen Kirchlein die Sonne untergeht, ist die Szene ausnehmend schön. Zwischen den hübschen Gassen und schmalen Treppen im alten Zentrum von Forio sind noch einige *torrioni,* Wehrtürme aus dem 16. Jh., erhalten.

Die Hauptattraktion der Gemeinde ist jedoch die größte Thermenanlage der Insel, die ***Poseidon-Gärten** in der Bucht von **Citara.** Daneben kleben die Hotels und Pensionen wie riesige Vogelnester auf den Klippen, an den Kiosken liegen deutsche Boulevardblätter aus und in den Restaurants serviert man Schnitzel mit Pommes.

Paradiso Terme, Via S. Giuseppe 10, Forio, Tel. 0 81 90 70 14. Freundliche, ruhig gelegene Hotelanlage mit eigenen Thermalbädern. ❍❍

La Beccaccia, Via Cava Scialicco, Strada Borbonica, Loc. Fango, Tel. 0 81 99 45 10. Rustikale Pizzeria abseits der Touristenmeilen. ❍

Case di pietra

An den Hängen um Serrara Fontana sowie in den Eichenwäldern an der Westflanke des Monte Epomeo stößt man gelegentlich auf die traditionellen »Felsenhäuser«, die case di pietra. Früher lebten Bauern und Hirten in Höhlenwohnungen, die sie mit Hämmern und Meißeln aus vulkanischen Tuffsteinblöcken geschlagen hatten. Nur wenige dieser winzigen Domizile sind heute noch bewohnt.

Das Hinterland im Süden

Stiller und verträumter als die Nord- und Westküste ist das hügelige Hinterland im Süden. Dort wächst an den Hängen des Monte Epomeo nicht nur der feine Inselwein, nein, dort kann man auf kurvigen Wirtschaftswegen ländliche Einsamkeit genießen. Zwischen Panza und Barano d'Ischia windet sich die Küstenstraße in aufregenden Kurven durch die Dörfer, immer wieder bieten sich schöne Ausblicke auf Klippen und Sandstrände.

Sant'Angelo

Wer das verwinkelte Künstlerdorf besuchen will, muss ein Stück zu Fuß gehen, denn Sant'Angelo ist autofrei – und gerade deshalb meist überlaufen. Dennoch gibt es zwischen den kubischen Fischerhäusern und den Treppengässchen so manchen idyllischen Fleck; das kreative Angebot aus den Ateliers von malenden oder töpfernden Lebenskünstlern ist allerdings recht einfallslos – oder gnadenlos kommerzialisiert, leider.

Cantine di Pietratorcia, Via Provinciale Panza 267 (Forio), Tel. 08 19 07 22; April–Okt. Gemütliches Restaurant in einem renovierten Landhaus, regionale Küche und Weine aus eigenem Anbau. ❍❍

La Conchiglia, Casa Annunziatina, Sant'Angelo. Ansprechendes Künstlerlokal im Zentrum. ❍

Feine, fruchtige Inselweine produziert das Weingut der Familie d'Ambra. Ein paar Flaschen *Piedirosso* oder *Biancocella* sind beliebte Souvenirs. **D'Ambra vini d'Ischia,** Panza, Tel. 0 81 90 72 10.

Genügend Platz für ungestörte Ferienträume hat man auf dem langen **Lido**

Seite 47

Poseidon-Gärten – Kuren in modernem Ambiente

Wohl bekomms – Kuren auf Ischia

Glaubt man der antiken Sage, so verdankt die Insel ihren Wohlstand den heißen Tränen des rebellischen Titanen Tifeo, den Zeus zur Strafe ins Meer gestoßen hatte. Dort bebte und wütete der versteinerte Riese so lange, bis die gütige Venus sich seiner erbarmte. Von Stund' an sollte er nicht mehr Verderben, sondern Glück und Gesundheit bringen. Und wahrhaftig, aus vielen Felsritzen sprudelten heiße Rinnsale – zum Wohl der Kurgäste und der ischitanischen Fremdenverkehrsindustrie. Das Besondere an den Quellen sind die enormen Unterschiede ihrer mineralischen Zusammensetzung, sodass man für viele Beschwerden die geeignete Therapie erhalten kann: Bei Gelenkschmerzen helfen Fangopackungen, Aerosolkuren lindern Atemwegserkrankungen, Hautleiden lassen sich mit salzhaltigem Wasser behandeln. Schon wegen der Fülle des Angebotes ist die richtige Beratung und Betreuung während der medizinischen Kuren unerlässlich. In den Poseidon-Gärten bei Forio kümmern sich sogar deutsche Badeärzte um die Gäste.

Wer sich einfach nur verwöhnen möchte, ist mit einer Tageskarte gut beraten. Besonders schön sind die **Terme Negombo** bei Lacco Ameno sowie die **Gardini Aphrodite e Apollo** bei Sant'Angelo. Wildromantisch liegt die kleine **Nitrodi-Quelle** versteckt in einer Schlucht bei Barano d'Ischia. Wohl bekomms.

Übrigens: Handtücher und eine Bademütze sollten Sie mitbringen, die Leihgebühren sind unverschämt hoch.

Seite 47

Eine stille Idylle: Auf Procida spielen einige Szenen des Films »Il Postino«

di Maronti. Falls die Sonne einmal nicht scheinen sollte, muss man dort nicht frieren, denn an manchen Stellen erhitzen unterirdische Quellen den Sand.

Monte Epomeo

Wer sich an den Aufstieg zum 787 m hohen Epomeo macht, kommt ins Schwitzen, denn von Forio, Lacco Ameno oder Serrara Fontana geht es jeweils steil bergauf. Solide Schuhe und etwas Kondition braucht man schon, um den Blick vom Gipfel genießen zu können. Unterhalb des Aussichtspunktes sind Eremitenhöhlen erhalten (die Felsenkirche wird restauriert). Der Krater ist seit dem 15. Jh. erloschen, vorher war der Funkenregen wie ein Leuchtfeuer für die Seeleute.

In den lichten Eichenwäldern auf der **Falanga,** einer kleinen Hochebene oberhalb von Forio, stößt man auf metertiefe Gruben, in denen die Einheimischen vor der Erfindung des Kühlschranks Schnee gesammelt und aufbewahrt hatten. Körbeweise transportierte man das kühle Gut dann im Sommer in die Küstendörfer.

Tipp Am Ostersonntag und 24. Juni führen die Männer des Bergdorfes **Buonopane** in traditonellen Kostümen den seltsamen Stocktanz **N'drezzata** auf, dessen Ursprünge auf eine Fehde zwischen zwei Ortschaften zurückgeführt werden. Inzwischen gehört der kämpferische Tanz zum Repertoire vieler Folkloregruppen.

Nach Procida

Überraschend leer und beschaulich liegt das Inselchen zwischen den Touristenmagneten Neapel und Ischia. Über dem Hafen und den Würfelhäusern ragt das mächtige **Castello** in den Himmel, einst eines der sichersten Gefängnisse des Landes. Daneben sticht die schmucke Kuppel der **Chiesa San Michele Arcangelo** (17. Jh.) ins Auge. In den Klosterräumen ist ein Museum für sakrale Kunst eingerichtet, das auch die Tradition der beeindruckenden Karfreitagsprozession erklärt.

Fähren: Ab Ischia Porto, Pozzuoli und Napoli-Mergellina.

**Capri

Das magische Blau

Die Trauminsel der Wirtschaftswunderzeit hat bis heute nichts von ihrem Zauber verloren – und das ist erstaunlich, schließlich schaufeln die Fährschiffe täglich einige tausend Besucher auf die Insel mit dem markanten Profil. Zum Glück ist es nicht schwierig, sich den Pulks von Schulklassen, Busreisegruppen und amerikanischen Heimwehtouristen zu entziehen, man muss nur ein paar hundert Meter zu Fuß gehen und schon erlebt man ungestört spektakuläre Ausblicke auf die Steilküste, fotogene Einblicke in die Gärten exquisiter Villen und stille Augenblicke in eigenwilligen Kirchen. Capri hat weit mehr zu bieten als die Blaue Grotte und einen überteuerten Cappuccino auf der Piazza Umberto I – genießen Sie ...

Geschichte

Ja, wenn bei Capri die rote Sonne im Meer versinkt, dann schmelzen nicht nur chronische Romantiker dahin. Die gerade einmal 10 km² kleine Kalksteininsel mit der dramatischen Silhouette zog bereits 29 v. Chr. den römischen Kaiser Augustus in ihren Bann, dessen Nachfolger Tiberius erwählte sie gar als Amtssitz und ließ sich dort angeblich zwölf prächtige Villen bauen. Nach dem Zusammenbruch des römischen Weltreiches überließ man Capri den Fischern, den Honoratioren des Königreichs Neapel und den wilden Ziegen (lat. caprae), von denen sich der Name herleitete. Die Tiere könnten vielleicht heute noch ungestört über die Kalksteinfelsen klettern, hätten nicht zwei deutsche Maler und Abenteurer im August 1826 eine von den Einheimischen abergläubisch gemiedene Höhle »entdeckt«, die *Grotta Azzurra*. Mit ihren Zeichnungen der in magisches Licht getauchten Blauen Grotte lösten August Kopisch und Ernst Fries unter Künstlern und Intellektuellen aus Europa eine regelrechte Capri-Manie aus: Rainer Maria Rilke und Oskar Wilde, Felix Mendelssohn-Bartholdy und André Gide, Pablo Neruda und Wladimir Iljitsch Lenin ließen sich von der exquisiten Idylle im Tyrrhenischen Meer beflügeln.

Marina Grande

Seite 53

Marina Grande

Am Anfang ist das Durcheinander. Die Marina Grande, der Fährhafen der Insel, ist eine riesige Entladestation. Lärmend drängen täglich die Tagestouristen zu den Ausflugsbooten, den mickrigen Kiesstränden und vor allem zur Talstation der Zugseilbahn, der *Funicolare*. Den Kai säumen bunt bemalte, aber ansonsten reizlose Lokale mit dem Standardrepertoire an überteuerten Souvenirs.

Der beste Weg zur ungestörten Begegnung mit Capris schönen Seiten ist ein halbstündiger Fußmarsch über die steile **Strada di San Francesco** hinauf nach Capri.

Seite 53

Wo sich Capri am Abend trifft und flaniert: Piazza Umberto I

Capri – das historische Zentrum

Auf der ***Piazza Umberto I,** kurz **Piazzetta** sitzt man, um zu sehen und gesehen zu werden – wenn man im Gedränge der Straßencafés einen freien Stuhl ergattert. Schließlich flanieren immer wieder Filmsternchen und echte Millionäre im Designerschick durch das historische Zentrum, dessen Grundmauern aus dem 11. Jh. stammen.

Man folgt der **Via Le Botthege** oder der **Via Listrieri** durch malerische Bogengänge und findet sich wieder in einem Gassengewirr mit mittelalterlichem Charme. Die Gewölbe über den Wegen schufen übrigens nicht nur mehr Platz für die Bewohner im Obergeschoss, man konnte sich dadurch auch schnell gegen einfallende Piraten und andere Angreifer verschanzen. Heute lauern in jedem Schaufenster geschmackvolle bis protzige Attacken auf das Urlaubskonto, vor allem die Via Camerelle ist in dieser Hinsicht ein gefährlich verführerisches Pflaster.

In der **Via Vittorio Emanuele** und der **Via Camerelle** sind alle italienischen Modedesigner sowie Parfümerien und Juweliere vertreten.

AACST, Torre dell'Orologio, Piazzetta I. Cerio 11, Capri, Tel. 08 18 37 04 24; www.capri.net.

Fährverbindungen: Von und nach Neapel, Ischia, Sorrento.
Taxi: Zentrale Haltestelle Via Roma.

Gran Hotel Quisisana, Via Camerelle 2, Tel. 08 18 37 07 88, Fax 08 18 37 60 80. Der traditionsreiche Diamant unter den Nobelherbergen auf Capri. ○○○

La Pazziella, Via P.R. Giuliani 4, Tel. 08 18 37 00 44. Exquisites kleines Hotel in zentraler Lage. ○○○

Belsito, Via Matermania 11, Tel. 08 18 37 09 69. Originelle Pension mit malerischen Ausblicken auf die Steilküste und ebenfalls empfehlenswertem Restaurant. ○○

La Capannina, Via Le Botteghe 12, Tel. 08 18 37 07 32. Sehr gepflegtes Restaurant mit feiner Küche und erlesener Weinkarte; unbedingt reservieren. ○○○

▮ **Le Grottelle,** Via Arco Naturale 3, Tel. 0 81 18 37 57 19. Schön und ruhig gelegenes Ausflugslokal mit regionaler Küche. ○○

Der dramatische Südosten

*Villa Jovis

An der Spitze des nordöstlichen Steilufers, dem 334 m hohen Felssporn **Monte Tiberio,** sind bis heute die Ruinen einer römischen Villa erhalten. Kaiser Tiberius ließ sie um 30 n. Chr. als größte seiner zwölf Residenzen bauen. 1938 legten Archäologen ihre Überreste frei, außer dem Tor, den Zisternen, dem Leuchtturm und einigen massigen Mauern ist nichts mehr zu erkennen. Die Marmorplatten der Palastböden wurden übrigens zum Teil für die Ausstattung der 1685 erbauten Pfarrkirche S. Stefano verwendet, die Capris Piazzetta überragt.

Eindrucksvoller als die verfallene Villa sind die **Ausblicke** auf die Halbinsel und die Gerüchte, die den Kaiser seit der Antike umgaben. So soll er auf Capri als lüsterner Tyrann geherrscht haben, der missliebige Gefolgsleute ebenso wie seine Kinder von den Klippen ins Meer werfen ließ. So berichtet es der altrömische Skandalreporter Tacitus.

*Arco Naturale – Faraglioni-Felsen

Seite 53

An der Südostküste führt ein schöner Spazierweg zum einem von den Wellen ausgespülten Felsenbogen, dessen dunkelgraues Gestein fotogen mit dem Grün der Kiefern und dem Wellentürkis harmoniert.

Unterhalb des Arco trifft man auf Spuren einer ausgemauerten Grotte. In der Antike war die **Grotta di Matermania** mit Mosaiken und Muscheln geschmückt, die Römer huldigten dort der Göttin Kybele, ihrer Mater Magna (Große Mutter).

Nächste Station auf dem Spaziergang ist die **Casa come me,** eine blutrote, architektonisch höchst avangardistische Villa, die der Schriftsteller Curzio Malaparte Ende der 1930er-Jahre spektakulär auf den Felsen der **Punta di Massullo** mauern ließ – und dies, obwohl die südwestliche Ecke Capris schon damals unter Naturschutz stand! Heute findet sich die architektonische Extravaganz in jedem Kompendium modernen Bauens.

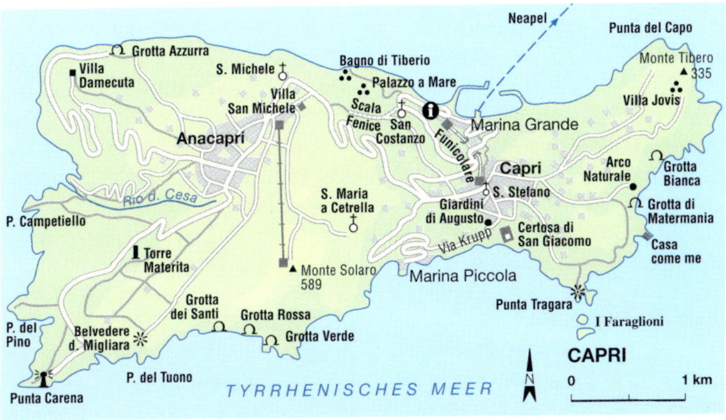

Capri-Zauber: der Blick von den Augustusgärten auf die Faraglioni-Felsen

Seite 53

Vorbei an den drei berühmten, etwa 90 m hohen **Faraglioni-Felsen,** auf denen eine endemische Eidechsenart mit blauem Bauch lebt, nimmt einen wenig später am Aussichtspunkt **Belvedere di Tragara** der Touristentrubel wieder in Empfang.

*Certosa di San Giacomo

Am südlichen Ortsrand von Capri liegt das Kartäuserkloster, 1371 gegründet, im 16. Jh. niedergebrannt und im 17. Jh. wieder aufgebaut. Es ist ein eindrucksvolles Beispiel für den arabisch beeinflussten, kubischen Baustil Capris. Im idyllischen Kreuzgang entdeckt man Säulenkapitelle römischen und byzantinischen Stils, ein weiteres Beispiel für das in Süditalien so häufige Material-Recycling.

*Giardini di Augusto

Neben dem Kloster liegen die ehemaligen Gärten des Kaisers Augustus; heute sind sie ein gepflegter Park, von dessen Panoramaterrassen aus man einen guten Blick auf die spektakulär engen Serpentinen der **Via Krupp** und die schicke Bucht von **Marina Piccola** hat. Ein Denkmal erinnert an den russischen Revolutionär Lenin, der sich, wie viele andere Intellektuelle des 19. und frühen 20. Jhs. im heiteren Ambiente der Trauminsel von den Widrigkeiten des Alltags erholte.

Anacapri

Ruhiger und weniger mondän als die Villenviertel der internationalen Capri-Kolonie sind die Straßen von Anacapri, das man nach einigen Kilometern auf der mutig in die Steilwand montierten Hauptstraße erreicht. Zwei Sehenswürdigkeiten zeichnen den Ort aus: Den Boden der achteckigen **Chiesa di San Michele** aus dem frühen 18. Jh. schmückt ein einzigartiges, detailreiches Majolika-Gemälde, das die Vertreibung von Adam und Eva aus dem Paradies darstellt.

Die weiße **Villa San Michele** dagegen, 1887–1949 Wohnsitz des schwedischen Prominentenarztes, Schriftstellers und Kunstsammlers Axel Munthe und heute ein Museum, präsentiert sich als abenteuerliches Sammelsurium von antiken Fundstücken, wertvollen Antiquitäten und historisierenden Repliken im opulenten Stil des 19. Jhs. Einfach traumhaft ist der Blick vom Park hinüber zum Ort Capri und hinunter auf die Nordküste mit der Marina Grande (Via Campodimonte 34, tgl. 9.30–17 Uhr).

Tipp Wer gut zu Fuß ist, sollte vom Belvedere der **Villa San Michele** den Abstieg über die phönizische Treppe zum **Palazzo a Mare** an der Marina Grande wagen, es lohnt sich allein wegen der grandiosen Aussicht.

AACST, Via G. Orlandi 19, Tel. 08 18 37 15 24.

Busse/Taxis: Zentrale Haltestelle ist die Piazza Vittoria.

Caesar Augustus, Via G. Orlandi 4, Tel. 08 18 37 14 21. Grandios an der Steilwand klebender Palazzo mit nostalgischem Flair. ❍❍❍
Villa Eva, Via La Fabbrica, Tel. 08 18 37 20 40. Außerhalb von Anacapri gelegene, familiäre Pension mit einfachen Bungalows. ❍

Il Solitario, Via G. Orlandi 54, Tel. 08 18 37 13 82. Leckere Hausmannskost zu überraschend günstigen Preisen. ❍

Klassischer Nightspot der Capri-Schickeria ist ab ca. 23 Uhr die Bar-Diskothek **Underground,** Via G. Orlandi 259, Anacapri.

Monte Solaro und **Blaue Grotte

Hoch hinaus auf den 589 m hohen Gipfel des **Monte Solaro** kommt man von Anacapris Piazza Vittoria aus mit dem Sessellift oder über einen schönen Wanderweg, der im Gipfelbereich direkt an den Klippen entlang führt. Vor allem der weite Blick über den Golf von Neapel und die Ruhe abseits der Liftstation sprechen für diesen Abstecher.

Die Hauptattraktion im Inselwesten ist jedoch die erst 1826 wieder entdeckte weltberühmte **Grotta Azzurra, die **Blaue Grotte** (tgl. 9 Uhr bis eine Stunde vor Sonnenuntergang, keine Besichtigung bei hohem Seegang).

Archäologische Funde beweisen inzwischen, dass die Höhle zu Zeiten der Römer ein luxuriös ausgestattetes

Magisch blau, aber leider selten still: die Grotta Azzurra

Seite 53

Nymphäum war. Man erreicht sie entweder an Bord eines der Ausflugsboote, die im Minutentakt von der Marina Grande ablegen oder per Bus ab Anacapri. Im ersten Fall werden die Besucher vor der Grotte in flache Boote umgeladen und durch eine enge Felsöffnung in die Höhle gerudert, wo ein verkleideter Caprifischer gegen Trinkgeld eine herzergreifende Canzone anstimmt.

Auf dem Landweg steigt man neben den Überresten der antiken Villa di Gradola des Tiberius auf einer Steintreppe zum Grotteneingang hinab.

Es ist schade, aber wohl unvermeidlich, dass der Besucheransturm so manch bizarre Blüte treibt: Am Eingang der Höhle stauen sich die Ausflugsboote, drinnen sieht man im Blitzlichtgewitter das magische Leuchten nicht mehr und im Wasser haben die Capresen zu allem Überfluss eine illuminierte Madonna versenkt. Oh mamma mia!

Sardinien

Archaisch und dennoch lebendig

Seite 59

Luxuriöse Ferienzentren, zerklüftete Küsten, einsame Strände, geheimnisvolle Steinbauten – diese und weitere Trümpfe haben die Insel der Nuragher als exquisites Reiseziel etabliert. Hier finden Partylöwen ebenso wie stille Genießer den richtigen Platz. Dem Zauber türkisfarbener Buchten und hinreißend schöner Sonnenaufgänge verfallen alle. Um wenigstens die bedeutendsten frühgeschichtlichen Stätten, die malerischsten Städte und die schönsten Strände sehen zu können, sollte man sich eine Woche Zeit nehmen. Die Fahrt zu den vorgestellten Orten umfasst 860 km.

**Costa Smeralda

Olbia

Im Nordosten ist die Kleinstadt (ca. 38 000 Einw.) trotz einiger historischer Fassaden für Urlauber nur ein Zwischenstopp auf dem Weg zu den nahen Traumbuchten.

AAST, Via Castello Piro 1, Tel. 0 78 92 14 53. Für Costa Smeralda und Baronia-Küstenorte.

Flughafen: Costa Smeralda (8 km). **Fähren:** Regelmäßige Verbindungen zum Festland und nach Cagliari.

La Gallura, Corso Umberto I 45, Tel. 0 78 92 46 48. Zentral gelegen; vorzügliches Restaurant. ❍❍

*Porto Cervo

Prominentes Zentrum der Costa Smeralda (Smaragdküste) ist dieses Hotel-

Romantik vom Reißbrett: Cala di Volpe

dorf, das in den 1960er-Jahren als idealtypische Feriensiedlung im sardischen Stil gebaut wurde, jedoch mit allem Komfort. Kein zerbeultes Auto, keine schreiend-bunte Reklametafel stört hier die pastellfarbene Idylle zwischen Bogengängen, lauschigen Piazzettas und dem sanft plätschernden Meer. Schrill sind in diesem zu Stein und Ziegel erstarrten Klischee nur die Designerstücke in den Schaufenstern der Nobelboutiquen.

Cala di Volpe, Tel. 0 78 99 60 83. Ein megamondänes Luxushotel, natürlich mit Privatstränden und eigenem Jachthafen. ❍❍❍

Frati Rossi, Loc. Pantogia, Tel. 0 78 99 43 95. Edelrestaurant für die verfeinerte Variante der Inselspezialitäten. ❍❍❍

Im **Café du Port** von Porto Cervo und im **Blues Cafe** an der Baja Ruja lässt die internationale Schickeria nächtelang die Korken knallen.

Dem Vorbild Porto Cervo eiferten Investoren und Architekten in jeder Felsbucht nach: Die vorbildlich in die Landschaft eingepassten Ferienanlagen am **Golfo di Cugnano,** der pitto-

Seite 59

Archaische Grablege: Lu Coddu Vecchiu

reske Jachthafen ***Porto Rotondo** und der familienfreundliche Badeort **Baia Sardinia** sind die bedeutendsten Ziele an der Costa Smeralda.

Ein lohnender Ausflug führt in das Dorf **Arzachena** und zum Gigantengrab ***Lu Coddu Vecchiu,** das vor rund 4000 Jahren aus riesigen Granittafeln aufgeschichtet wurde. Wie einige weitere vorgeschichtliche Monumente in der Umgebung wird die Kultstätte archaischen Hirten und Jägern zugeschrieben.

Einsame Nordküste

Karg wie die Küste ist auch das hügelige Hinterland der **Gallura,** wo die Macchia wuchert, wo vom Wind schief geblasene Bäume und verwitterte Felsen die mystische Atmosphäre verdichten. Manchmal schieben sich grüne Korkeichenwälder in den weiten Horizont, in den Dörfern steht die Zeit still und an der dramatischen Dünung in den **Bocche di Bonifacio** haben vor allem Wellenreiter ihren Spaß.

Nicht verwunderlich, dass die Genueser an der unwirtlichen Nordküste ein Kastell errichteten, um die Meeresstraße zwischen Sardinien und Korsika zu kontrollieren: ***Castelsardo** ist heute ein malerisches Festungsstädtchen mit der überdimensionalen

Basilica San Gavino in Porto Torres

Kathedrale Sant'Antonio Abate, deren wertvollster Schmuck das Altarbild »Madonna mit dem Kind« (15. Jh.) eines unbekannten sardischen Meisters ist.

Vorbei an den langen, bei italienischen Familien beliebten Sandstränden des **Golfo dell'Asinara** erreicht man die Hafenstadt **Porto Torres**, wo sich hinter Industrieanlagen die größte romanische Kirche Sardiniens versteckt. Die ****Basilica San Gavino** wurde um 1050 im pisanischen Stil errichtet. In der Krypta sind frühchristliche Grabmäler und eine Statue des Stadtpatrons San Gavino aufgestellt.

Da Giacomo, Via Giordano Bruno. Urige Hafenkneipe. ❍

**Sassari

Norditalienisches Flair prägt die Straßen und Gassen der alten Handelsstadt (120 000 Einw.), die sich rund

Seite 59

Pracht in Sassari: Piazza Italia

20 km von der Küste entfernt in einer grünen Ebene breit macht. Baumeister und Kaufleute aus neun Jahrhunderten hinterließen auf der bunten Flaniermeile **Corso Vittorio Emanuele** zwischen **Piazza Sant'Antonio** und **Piazza Azuni** ein reiches Erbe an prächtigen Fassaden.

Auch der **Palazzo dell'Università,** Sitz der ältesten Universität Sardiniens (gegr. 1565, anerkannt 1617), geht auf die Privatinitiative eines reichen Sassaresen zurück.

Wie ein Rosenkranz liegen die schönsten Kirchen um den Stadtkern: Die romanisch-pisanische **Chiesa Santa Maria di Betlem** wurde ab 1106 erbaut. Der **Dom San Nicola** im gotisch-katalanischen Stil ist nicht nur wegen der opulenten Barockfassade, sondern auch wegen des **Dommuseums** einen Besuch wert. Vor der Antoniuskirche warteten früher die Tagelöhner auf Aufträge.

Am Nordrand der Altstadt steht die hübsche ***Fontana di Rosello,** ein 1606 errichteter Marmorbrunnen mit 12 Löwenköpfen als Wasserspeiern.

Südwestlich der Piazza Azuni ändert sich das Bild: Klassizistische Fassaden aus dem 19. Jh. zeugen vom Wohlstand der Handelsfamilien, auf der großen **Piazza Italia** ist viel Platz zum Flanieren und im lauschigen Stadtpark **Giardino Pubblico** kann man wunderbar Energie tanken für eine Stippvisite in der sardischen Geschichte: Das ****Museo Nazionale G. A. Sanna** (Via Roma 64; Di–Sa 9–19, So 9–13 Uhr) bietet in seinen ethnografischen, archäologischen und kulturhistorischen Sammlungen ungewöhnlich übersichtlich strukturierte Einblicke in die Historie der Insel.

Das Sortiment des **ISOLA-Shops** im Stadtpark umfasst qualitativ hochwertiges und sehr schönes sardisches Kunsthandwerk, z. B. Trachten, Hirtenmesser, Lederwaren und Keramiken. Mo–Fr 9–13, 16–20, Sa 9–13 Uhr.

AAST, Viale Umberto 72, Tel. 0 79 23 35 34.

Leonardo da Vinci, Via Roma 79, Tel. 0 79 28 07 44.

Festekultur

Eine gute Gelegenheit, das kulturelle Erbe der Sarden zu erleben, sind die religiösen Feste *(sagre),* die überall auf der Insel das ganze Jahr gefeiert werden. Zu Ehren des dörflichen Schutzpatrons bereitet man spezielle Köstlichkeiten zu, die Frauen tragen ihre traditionellen Trachten, die Zeremonien folgen einem seit Generationen überlieferten Ritus. Besonders festlich sind die **Sagra di Sant'Efisio** vom 1. bis 4. Mai in Cagliari sowie Anfang August die Bootsprozession der **Sagra di Santa Maria del Mare** in Bosa und die **Festa dei Candelieri,** die am 15. August am Strand von Sassari stattfindet.

SARDINIEN
0 20 km
N
Toulon, Marseille
Genua
Korsika
Bonifacio
Bocche di Bonifacio
I. Maddalena
La Maddalena
C.d.Garibaldi
I. Caprera
Santa Teresa di Gallura
Palau
Porto Cervo
Costa Smeralda
Arzachena
Porto Rotondo
Livorno
I. Asinara
Isola Rossa
G a l l u r a
Golfo Aranci
Civitavecchia
Golfo dell´ Asinara
Olbia
I. Tavolara
Stintino
Castelsardo
Telti
Porto Torres
Tempio Pausania
Perfugas
Monti
L. del Coghinas
Argentiera
Palmadula
Sassari
Oschiri
S.S. Trinità di Saccargia
S. Antioco di Bisarcio
Siniscola
S. M. d. Regno
Ozieri
Budduso
Tramariglio
Fertilia
Ittiri
Grotta di Nettuno
Alghero
Torralba
Bitti
Villanova
Nur. S. Antine
Bono
Orosei
Nuoro
S. Andria Priu
Dorgali
Golfo di Orosei
Oliena
Grotta del Bue Marino
Bosa
Suni
Macomer
Marmoiada
Orgosolo
MITTEL-
Abbasanta
Fonni
Lago Omodeo
Parc.Naz. d. Golfe di Orosei e del Genargentu
S. Caterina
Monti del 1834
Gennargentu
S.Cristina
Paulilatino
Sorgono
Arbatax
Tortoli
Sardinien
Aritzo
San Giovanni di Sinis
Oristano
Tharros
Laconi
Lanusei
Golfo di Oristano
Nurallao
Isili
Tertenia
Capo di Frasca
Barumini
Su Nuraxi
F. Mannu
C a m p i d a n o
Mandas
MEER
Marina di Arbus
Guspini
Sanluri
Flumendosa
Senorbi
Costa Verde
Arbus
Muravera
Villacidro
Dolianova
Capo Ferrato
Iglesias
Siliqua
Quartu S. Elena
Nebida
Cagliari
Stagno di Cagliari
Portoscuso
I g l e s i e n t e
Villasimius
Tonnare
Carbonia
Capo Carbonara
Civitavecchia, Neapel
Carloforte
Calasetta
S. Giovanni
I. di S. Pietro
Sulas
Sarroch
Golfo di Cagliari
S. Antioco
Giba
Pula
Nora
Teulada
I. di S. Antioco
Golfo di Palmas
Capo Teulada
Capo Spartivento
Palermo, Trapani

Angenehmes Dreisternehotel am Altstadtrand. ❍❍❍

▮ **Gallura,** Vicolo San Leonardo 9, Tel. 0 79 23 92 21. Zentral gelegen, einfach und freundlich. ❍

Seite 59

Da Tomaso L'Assassino, Vicolo Ospizio dei Cappuccini 1, Tel. 0 79 23 50 41. Spezialisiert auf außergewöhnliche sardische Spezialitäten wie Lammbraten oder Innereien. ❍❍

*Alghero

Wem dieses Küstenstädtchen spanisch vorkommt, der liegt ganz und gar richtig. Denn vom 14. bis zum späten 18. Jh. war Alghero eine katalanische Kolonie. Noch beeindruckender als das komplett erhaltene **Altstadtensemble,** der örtliche Dialekt und die zweisprachigen Straßenschilder belegen die ergreifenden Prozessionen und liturgischen Feiern der *settimana santa* (Karwoche) die spanische Vergangenheit.

Der Rundgang durch Alghero (40 000 Einw.) beginnt bei den Resten der Stadtmauer am Hafen. Die alte Befestigungsanlage umschließt die Halbinsel von der **Torre della Maddalena** bis zur **Torre Sulis.**

Von der lebhaften Piazza Civica sind es nur wenige Schritte zur **Cattedrale Santa Maria** aus dem 16. Jh., wo am Karsamstag die Kreuzabnahme Christi zelebriert wird.

Älter und prächtiger ist die Klosterkirche **San Francesco** aus hellem Sandstein. Den Campanile schmücken Majoliken und die Altäre sind im katalanischen Stil reich verziert.

Tipp Im Kreuzgang (14. Jh.) der Kathedrale finden im Sommer **Konzerte** statt.

Alghero – pittoreske Hafenstadt mit katalanischer Tradition

Wer sich für die Flora und Fauna des Mittelmeeres interessiert, kann an der Piazza Sulis das **Aquarium Mare Nostrum** besuchen und in den großen Becken die meist recht farblosen Vertreter heimischer Fischarten sowie die bunten Riffbewohner aus den Tropen beobachten (tgl. 16–22 Uhr).

Direkt ans Meer führt dagegen ein Ausflug zur gewaltigen ***Grotta di Nettuno** am Capo Caccia. Einen Teil des Tropfsteinhöhlenlabyrinths kann man bei Führungen erkunden.

Eine der besten Adressen für Korallenschmuck ist das **Atelier** von **Aniello De Filippi,** Via Roma 41/43, Alghero.

AAST, Piazza Porteaterra 9, Tel. 0 79 97 90 54.

Flughafen: Alghero-Fertilia (13 km).
Ausflugsboote vom Jachthafen aus.

Villas Las Tronas, Lungomare Valencia 1, Tel. 0 79 98 18 18. Luxushotel mit Park und Meerblick. ❍❍❍

Santissima Trinità di Saccargia

▮ **San Francesco,** Via Ambrogio Machin 2, Tel. 0 79 98 03 30. Bescheidenes, freundliches Quartier im Franziskanerkloster. ❍

Diecimetri, Vicola Adami, Tel. 0 79 97 90 23. Uriges Lokal, Fischspezialitäten. ❍❍

▮ **Da Zia Maria,** Strada dei due Mari. Bauernhof-Trattoria mit deftigen Inselschmankerln. ❍

Von Sassari nach *Ozieri

Von Sassari nach Cagliari spannt sich die Autobahn quer über die Insel. Wer jedoch die prähistorischen Stätten im Inselinneren sehen will, muss gelegentlich auf kurvige Landstraßen abbiegen und entdeckt schnell den Reiz verträumter Dörfer und ungezähmter Landschaften.

Drei auffällige pisanische Landkirchen säumen den kurvigen Weg nach Ozieri: Die ****Santissima Trinità di Saccargia** aus dem 12. Jh. sticht mit ihrem schwarz-weiß gestreiften Campanile ins Auge. Über der Apsis ist auf dem einzigen in Sardinien erhaltenen romanischen Freskenzyklus Jesus Christus mit den Erzengeln, Engeln und seinen Aposteln dargestellt.

Seite 59

In der strengen Basilika ***Santa Maria del Regno** (ab 1170), bekannt auch als Schwarzer Dom, wird das in der katalanischen Tradition gemalte Tafelbild *Retablo Santa Maria del Regno von Giovanni Muru (1515) aufbewahrt. Die Basilika **Sant'Antioco di Bisarcio** dagegen fesselt weniger durch ihre Schätze als durch ihre malerische Lage und die Aussicht.

Nach prähistorischen Fundstücken in der **Grotta di San Michele** bei ***Ozieri** ist die frühe Hirtenkultur Sardiniens aus dem 3./4. Jahrtausend v. Chr. benannt.

Tipp Heute ist der Ort vor allem für die geschmiedeten Hirtenmesser *(sa resolza)* und die Mandelplätzchen *sospiri di Ozieri* (Seufzer von Ozieri) der **Pasticceria Pinna** bekannt.

**Tal der Nuraghen

Bei Torralba beginnt das Tal jener geheimnisvollen Wehrburgen der Urbevölkerung (s. S. 22). Der größte erhaltene Bau ist der **Nuraghe Sant' Antine** aus dem 2. Jahrtausend v. Chr.; der teilweise zerstörte Turm dieser Königsnuraghe misst beachtliche 16 m. Die Wehrtürme sind durch gemauerte Gänge miteinander verbunden, ein Brunnen sicherte in Belagerungszeiten die Wasserversorgung der strategisch versierten Krieger.

Wiederholt trifft man auf dem Weg nach Süden auf imposante Steinwälle und die Reste von runden Wohnhütten, bei ***Sant'Andria Priu** ist zudem ein prähistorisches Gräberfeld mit 20 Feenhäusern *(domus de janas)* der

Nuraghe Sant'Antine

Seite 59

Ozieri-Kultur zu besichtigen. Das so genannte Häuptlingsgrab umfasst stolze 250 m² Fläche.

Das bedeutendste nuraghische Brunnenheiligtum, ****Santa Cristina,** liegt in der Nähe von Paulilatino. In einem Olivenhain führt eine Treppe hinunter in ein unterirdisches Gewölbe mit einem gefassten Wasserbecken aus dem 9. Jh. v. Chr., das noch heute verehrt wird. Allein dieser Umstand macht deutlich, wie wichtig von jeher Quellen auf der wasserarmen Insel waren. Insgesamt findet man auf Sardinien noch rund 50 Brunnenanlagen aus der Zeit der Nuragher.

Sardiniens Südwesten

Im Provinzstädtchen **Oristano** zweigt die Straße ab zur malerischen Halbinsel Sinis und zur punisch-römischen Hafenstadt ***Tharros,** in deren antiken Ruinen man ungestört über den Lauf der Geschichte sinnieren kann. Malerisch liegt auch die archaische Kirche ***San Giovanni di Sinis** aus dem 5. Jh. am Wegesrand.

Wehrburgen

Etwa zur selben Zeit, als in Ägypten Heere von Sklaven damit begannen, Pyramiden aufzubauen, muss auch die sardische Urbevölkerung eine Technik entwickelt haben, um tonnenschwere Steinblöcke zu soliden Wehrtürmen und Mauerringen aufzuschichten. Bis zu 10 000 dieser Nuraghen sollen sich auf Sardiniens Hügeln erhoben haben, rund 7000 blieben – zumindest als Ruinen – erhalten. Beeindruckend sind vor allem die großen Burgen von **Sant'Antine, Santa Barbara, Santa Sabina** und ****Su Nuraxi.**

Das Zentrum der Anlagen bildet meist ein bis zu vier Stockwerke hoher Rundturm mit umlaufenden Gängen, Treppen und Schießscharten. Die Wohn- und Vorratsräume umgibt ein drei- oder fünfeckiger Mauerring mit Wehrgängen und weiteren Türmen. Eigene Brunnen sicherten das Überleben bei Belagerungen. Ungeklärt ist bis heute, wo die Nuraghen-Baumeister ihre einmaligen Fertigkeiten erlernt hatten, wie sie die Steinblöcke von den Steinbrüchen zu den Baustellen beförderten und völlig ohne Mörtel solche gewaltigen Wehrburgen bauen konnten.

Die Nuraghen sind während der Sommersaison täglich geöffnet, in **Barumini** (15 km nördl. Sanluri zwischen Oristano und Calgliari) kann man sich bei einer Multimediashow im Kulturzentrum **Convento Cappuccini** über das Leben und die Kultur dieses außergewöhnlichen Volkes informieren. (Ende Juni bis Sept. tgl. 9.30–13, 15–19 Uhr.)

Da Renzo, Loc. Siamaggiore. Ausflugslokal mit feiner lokaler Küche und frischen Fischgerichten. ❍

Tipp Verpassen Sie nicht die Gelegenheit zu einem ländlichen Festessen. Immer mehr Bauernfamilien bieten neben einfachen Quartieren auf ihrem Hof auch spezielle Events an, vom rustikalen Schafscheren bis zum opulenten Schlemmermahl mit Spezialitäten aus eigener Produktion. Aktuelle **Informationen** über die herzhaften Angebote gibt es bei: **Consorzio Agriturismo di Sardegna,** Casale Postale 107, 09170 Oristano, Tel. 0 78 37 39 54, und **Agriturist,** Viale Trieste 6, 09100 Cagliari, Tel. 0 70 66 83 30.

Cagliari: die Terrazza Umberto I ist der Auftakt zum Castello-Viertel

Seite 64/59

Der Südwesten ist ein noch unerschlossener Landstrich mit langen Sandstränden, bis zu 50 m hohen Dünen, stillen Fischerdörfern und fast vergessenen Bergbaustädten. Südlich der **Costa Verde** durchziehen Zechen und Minen aus 3000 Jahren die kargen Hügel der Iglesiente. In **Carbonia** erinnern Reste des faschistischen Größenwahns an Mussolinis Pläne, die italienische Kriegsmaschinerie mit Kohle aus Sardinien zu versorgen.

Auf der ***Isola di Sant'Antioco** schaufelten schon die Phönizier im antiken **Sulcis** (bei Sant'Antioco) Erze, Silber und Kohle aus dem porösen Untergrund. Die Fähigkeiten aus dem Bergbau kamen ihnen bei der Anlage ihrer dortigen ****Nekropole** zugute: Die Toten wurden in felsigen Grüften und Grablabyrinthen beigesetzt, bei einer Opferstädte fanden Archäologen u.a. rund 400 Urnen mit Kinder- und Tierknochen (tgl. 9–12, 15–19.30 Uhr).

Tipp Man braucht viel Glück, um in den küstennahen Lagunenseen des Süden die geschützten Flamingos zu entdecken. Die besten Chancen bestehen im ***Parco Nazionale di Golfo di Orosei** (bei Nuoro im Osten), wo sogar noch Lämmergeier, sardische Hirsche und Mönchsrobben vorkommen.

**Cagliari

Seit der Antike ist die Hafenstadt das Tor Sardiniens: Freundlich und malerisch, geschäftig und weltoffen. Unübersehbar wacht das pisanische Castello über der Stadt, die erst seit dem 19. Jh. aus ihren mittelalterlichen Formen platzte und nun mäandernde Vororte weit in die fruchtbare Küstenebene schiebt.

Mit 400 000 Einwohnern ist Cagliari die größte Stadt Sardiniens, Handelszentrum und Sitz des Parlaments. Die bedeutendsten Sehenswürdigkeiten rund um den Castello-Hügel lassen sich gut zu Fuß besuchen.

**Castello-Viertel

Von der zentralen Piazza Costituzione führt eine elegante Treppe die Bastio-

Seite 64/59

ne S. Remy hinauf zur ***Terrazza Umberto I ❶**, von der aus man einen herrlichen Blick über die Stadt, den Hafen und den Golfo di Cagliari hat.

Weiter treppauf erreicht man das mittelalterliche Castello-Viertel, den ältesten Teil der Stadt. Dort ragt als Wahrzeichen die 35 m hohe ***Torre dell' Elefante ❷** (erbaut 1307) in den Himmel.

Die ***Cattedrale Santa Maria ❸** mit ihrer auf Pisaner Barock getrimmten Fassade aus dem Jahr 1933 steht auf der Ostseite der Festung eingezwängt zwischen hohe Häuserreihen. Im Innern beeindruckt die barocke Pracht der Altäre und des ornamtentalen Steinbodens; das auffälligste Kunstwerk ist jedoch die gotische **Marmorkanzel, die 1159–1162 ursprüng-

❶ Terrazza Umberto I
❷ Torre dell'Elefante
❸ Cattedrale Santa Maria
❹ Museo Archeologico Nazionale
❺ San Michele
❻ Chiesa Sant'Efisio
❼ Anfiteatro Romano

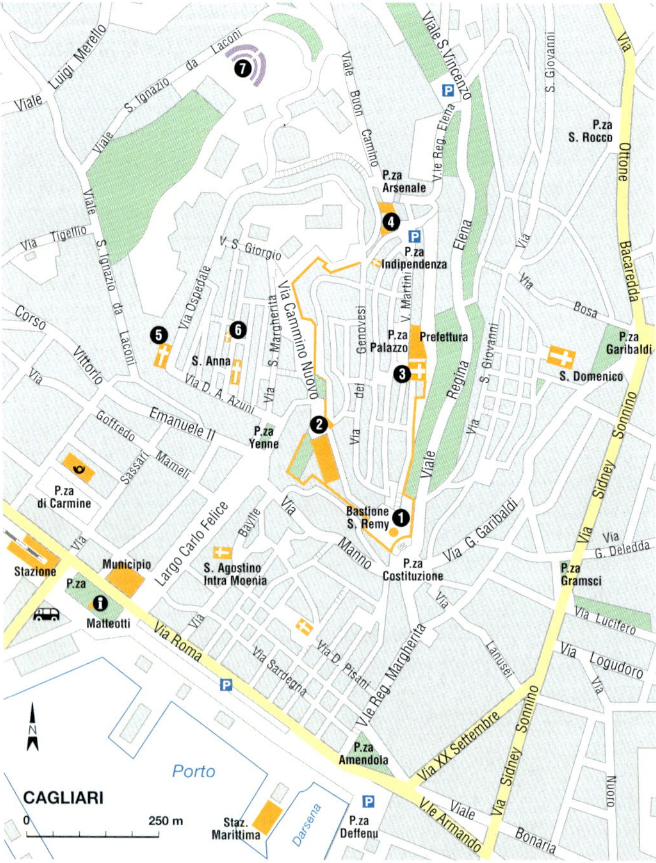

Bronzetto-Krieger

lich für den Dom von Pisa geschaffen wurde und seit dem 14. Jh. in Cagliari steht. In der Krypta sind etwa 300 Grabkammern aus der spanischen Zeit eingelassen.

Bronzetti

Nur wenige Zentimeter groß und doch von kunstvoller Detailtreue sind die Bronzefiguren *(bronzetti)*, die man in nuraghischen Kultstätten gefunden hat. Was Archäologen heute über Tracht, Handwerkskünste und Waffen des geheimnisvollen Volkes wissen, haben sie überwiegend von den Miniatur-Plastiken aus der Frühzeit der sardischen Kultur abgeleitet. Die meisten Bronzetti sind in den Museen von Cagliari und Sassari ausgestellt.

Vier Museen sind in der **Citadella dei Musei** untergebracht (im Sommer tgl. 9–19 Uhr, im Winter 9–13.30, 15.30 bis 19.30 Uhr), wovon das ****Museo Archeologico Nazionale ❹** die wertvollste Sammlung aufweist, u. a. sind hier die Bronzetti zu sehen. Die ***Pinacoteca Nazionale** besitzt die bedeutendste Kollektion katalanischer Altarbilder *(retablos)* außerhalb Spaniens.

Seite 64/59

*Altstadt und *antike Ruinen

Den Fuß des Castello-Hügels umgibt die malerisch verwinkelte Altstadt mit der sehenswerten Barockkirche **San Michele ❺**, der lebhaften **Piazza Yenne** und der **Chiesa Sant'Efisio ❻**, von der jedes Jahr im Mai die größte *sagra* der Insel ausgeht.

Tipp Am Rand der Altstadt liegt das **Anfiteatro Romano ❼**, das vor knapp 2000 Jahren direkt aus dem Fels gebrochen wurde und 20 000 Zuschauern Platz bot. Im Sommer finden dort **Konzerte** und moderne **Theatervorstellungen** unter dem Sternenhimmel statt. Reserv.: Tel. 0 74 08 22 30, www.teatroliricodicagliari.it.

i **AACST,** Piazza Matteotti, Tel. 0 70 66 92 55. www.cagliari.it.

Flughafen: Cagliari-Elmas (8 km).
Fähren: Verbindungen zum Festland, nach Palermo und Nordafrika.
Busse: Terminal für Überlandbusse an der Piazza Darsena.
Parken: Gebührenpflichtige Parkplätze am Hafen.

Regina Margherita, Viale Regina Margherita 44, Tel. 0 70 67 03 42. Nüchternes Businesshotel in zentraler Lage. ❍❍❍

▮ **Quattro Mori,** Via Angioy 27, Tel. 0 70 66 85 35. Beliebtes Stadthotel, zentral und ruhig gelegen. ❍❍

Dal Corsaro, Viale Regina Margherita 28, Tel. 0 70 66 43 18. Feinschmeckerlokal mit delikaten Interpretationen der Inselküche. ❍❍❍
▮ **Da Lillicu,** Via Sardegna 78. Trattoria mit deftigen Fischspezialitäten. ❍

Seite 59

Librarium, Bastione S.ta Croce. Schickeria- und Künstler-Treff.

Wilde raue Bergwelt

Das wilde Herz Sardiniens schlägt in der **Barbagia,** wo sich die Berge des ***Gennargentu** bis zu 1834 m hoch in den Himmel recken und kauzige Hirten mit ihren Schaf- und Ziegenherden durch die Macchia streifen. Wanderer, Mountainbiker, Freeclimber und andere Abenteuerlustige entdecken eine Welt voller Überraschungen: Bergnester, in denen noch vor Jahren entführte Millionärssprösslinge versteckt wurden, sind jetzt schmucke Touristenziele mit kleinen Museen und lauschigen Piazzas. Engagierte Hoteliers erkunden mit ihren Gästen das Hinterland und temperamentvolle Bäuerinnen verwöhnen Gourmets mit wieder entdeckten Familienrezepten.

Besonders malerisch kleben die Dörfer ***Laconi** und ***Aritzo** an den Hängen des Gennargentu, wohin reiche Städter vor der Sommerhitze der Küste fliehen, während das 1000 m hoch gelegene Dorf **Fonni** im Winter von Skifahrern gestürmt wird. Im einstigen Banditennest **Orgosolo** dagegen gibt es einige *murales* zu sehen, Wandmalereien als politische Karikaturen – Ausdruck des Protests der Bergler gegen die Staatsgewalt in Rom.

Für einen Zwischenstopp in der schmucklosen Provinzstadt ***Nuoro** sprechen die wertvolle und informative Sammlung des volkskundlichen ***Museo delle Vita e delle Tradizioni Populari Sardi** sowie die modernen Skulpturen auf der Piazza Satta.

Eine einsame Bergwelt: die Barbagia

EPT, Piazza Italia 19, 08100 Nuoro, Tel. 0 78 43 00 83.

Tipp **Sa Muvara,** Via Funtana Rubia, Aritzo, Tel. 07 84 62 93 36. Liebevoll geführtes Gennargentu-Hotel mit traditioneller Küche und vielseitigem Outdoor-Angebot. ❍❍

Trenino Verde

Nervenkitzel und wildromantische Ausblicke bietet die fünfstündige Fahrt mit dem nostalgischen Trenino Verde von Cagliari bis Sòrgono. Täglich zuckelt die grüne **Schmalspurbahn** auf ihrer 166 km langen Strecke über Viadukte und durch einsame Schluchten am Fuße des Gennargentu-Gebirges.

Informationen: **Ferrovie dello Stato,** Ufficio Turistico Trenino Verde, Via Pompeo 1, 09042 Cagliari, Tel. 0 70 58 02 46.

Sizilien

Ein Kontinent für sich

Dies ist das Land, wo die Zitronen blühn ... Schon Geheimrat Goethe, der geistige Vater des Kulturtourismus, war begeistert vom blauen Meer und den antiken Ruinen, von der bedrohlichen Magie des Ätna und der sorglosen Lebensart seiner Anwohner. Kurzum: Sizilien ist fast ein Kontinent für sich, ein jahrtausendealtes Kulturland, ein reizvolles Mosaik für Menschen, die zum landschaftlichen Ambiente auch Gaumenfreuden schätzen. Für eine Tour (ca. 1000 km) zu den historischen Schätzen, die wie ein Collier die Insel umschließen, reicht eine Woche kaum aus. Zum Glück ist wegen der guten Straßen das Autofahren in Sizilien auch auf längeren Strecken kein Problem.

Prächtiger Barock: der Dom von Catania

Seite 68/77

**Catania

Risikobereit waren schon die Griechen aus Chalkidiki, als sie 729 v. Chr. in der fruchtbaren Küstenebene unterhalb des feuerspuckenden Ätna ihre Siedlung Katane gründeten. Sieben Mal brachte der Vulkan seither Verderben über die Stadt, jedes Mal wurde sie unverdrossen wiederaufgebaut – letztmals im 18. Jh., als unter der Leitung von Giambattista Vaccarini aus dunkelgrauen Lava- und Basaltbrocken ein Juwel des sizilianischen Barock entstand. Heute ist Catania mit gut 340 000 Einwohnern Provinzhauptstadt und das bedeutendste Touristenzentrum Siziliens.

Am schönsten kommen die barocken Fassaden der Palazzi, Klöster und Kirchen in der **Via Crociferi,** in der Prachtallee **Via Etnea** und auf der Piazza Duomo zur Geltung.

Der ***Duomo** ❶, Vaccarinis verspieltes Hauptwerk, umschließt das Querschiff aus der Normannenzeit und wurde auf den Ruinen einer römischen Therme errichtet. In der Kirche befinden sich das Grabmal des Komponisten Vincenzo Bellini (1801–1835) sowie die Kapelle der hl. Agatha, der Schutzpatronin Catanias. Szenen aus ihrem Leben sind am hölzernen Chor aus dem 16. Jh. dargestellt.

Anfang Februar wird die Silberbüste der Heiligen in einer feierlichen Prozession in die gegenüberliegende **Chiesa della Badia di Sant'Agata** ❷ mit der eigenwilligen achteckigen Kuppel gebracht.

Tipp Abendlicher Treffpunkt ist der **Elefantenbrunnen** auf der Piazza Duomo. Den archaischen Elefanten, heute das Wappentier der Stadt, und den ägyptischen Obelisken entdeckte der Architekt Vaccarini nach dem Beben von 1693 im Schutt antiker Bauwerke.

Ein Erlebnis: Catanias Fischmarkt

Seite 68/77

Über dem turbulenten ****Fischmarkt,** dem allerschönsten der Märkte Siziliens, erheben sich die Reste des **Castello Ursino ❸,** das Friedrich II. ab 1239 als Burg und Kaserne anlegen ließ – damals noch direkt am Hafen. Beim Ätna-Ausbruch von 1669 flossen jedoch die Lavamassen über die Stadt ins Meer hinein.

Zu den wenigen erhaltenen Relikten älterer Epochen zählen das bis zu 7000 Zuschauer fassende **Teatro Greco ❹** (Zugang Via Vittorio Emanuele 266), das nebenan liegende römische **Odeon** sowie an der Piazza Stesicoro das **Anfiteatro ❺** aus dem 2 Jh. Dort amüsierten sich einst bis zu 16 000 Besucher bei Gladiatorenkämpfen.

APT, Via Domenico Cimarosa 10, Tel. 09 57 30 62 11, Infobüros auch am Flughafen und am Bahnhof; www.apt-catania.com.

Flughafen: Catania-Fontanarossa (7 km).
Bus: Stadt- und Regionalbusse ab **Stazione Centrale.**
Parken: Tagsüber bewachter Parkplatz an der Via Alcala am Hafen.

❶ Duomo
❷ Chiesa della Badia di Sant'Agata
❸ Castello Ursino
❹ Teatro Greco
❺ Anfiteatro

Santa-Agata-Fest – in Catania ein Tag ergreifender Prozessionen

Excelsior Grand Hotel, Piazza Giovanni Verga 39, Tel. 0 95 53 70 71, Fax 0 95 53 70 15, E-Mail: excelsior-catania@thi.it. Edles Jugendstilhotel (ca. 160 Zi.) im historischen Zentrum. ○○○

La Siciliana, Viale Marco Polo 52a, Tel. 0 95 37 64 00. Gemütliches Traditionslokal, So abends und Mo geschl. ○○

Ideal zum Bummeln und Stöbern ist der **Markt** um die **Piazza Carlo Alberto** (nördlich des Zentrums), wo jeden Vormittag Kleider, Schuhe und Haushaltswaren angeboten werden. Am Sonntag findet dort ein **Floh- und Antiquitätenmarkt** statt.

Seite 68/77

**Ätna-Massiv

Mongibello, »Berg der Berge«, nennen die Sizilianer ehrfurchtsvoll Europas höchsten aktiven Vulkan (3340 m). Wer einen Blick auf die bizarre Kraterlandschaft werfen will, kann sich per Seilbahn *(funivia)* und Bus vom 1911 m hoch gelegenen **Rifugio Sapienza** bis auf ca. 3000 m Höhe zum **Torre del Filosofo** bringen lassen.

Starke Himmelsfrauen

Wenn in Sizilien Not am Mann ist, erhofft man sich seit dreitausend Jahren Hilfe von den stärksten Frauen im Himmel. Schon die antiken Griechen verehrten Demeter, die Göttin der Fruchtbarkeit, die Römer opferten Ceres und in tausend Jahren Katholizismus besetzt die Madonna als Himmelskönigin den wichtigsten Platz in der religiösen Verehrung. In diesem christlich adaptierten Mutterkult sind viele mystische Elemente enthalten, die schon immer von Wunderheilern und Scharlatanen ausgenutzt wurden, um den einfachen Leuten Geld aus der Tasche zu ziehen.

Groß ist ihre Macht und ungebrochen der fast schon kindliche Glaube der sizilianischen Marienverehrer: Die Muttergottes hilft bei Erdbeben und Missernten, schützt vor Krankheit und Gefahr. Nirgendwo sonst in Italien ist der Marienkult so ausgeprägt wie hier, wo der Madonna über die Hälfte der Kirchen geweiht sind. Zudem stehen alle großen Städte unter dem Schutz starker Himmelsfrauen: Santa Rosalia hält ihren Mantel über Palermo, über Catania wacht Santa Agatha und in Siracusa wird der hl. Lucia als Schutzpatronin besondere Verehrung zuteil.

Den Gipfelsturm sollte man nur bei gutem Wetter und in Begleitung eines Bergführers wagen, der die Risiken der vulkanischen Aktivität einschätzen kann (s. S. 7).

Seite 77

Besonders malerisch sind die Orte **Nicolosi, Zafferana Etnea** und **Milo** an der Ostflanke sowie **Randazzo,** das Jahrhunderte lang eine beliebte Sommerresidenz für die Adelsfamilien aus Catania war.

Abstecher lohnen sich zudem zu den normannischen Bauwerken am Fuß des Ätna, etwa der Abteikirche von ***Castello di Maniace** mit ihrem auffälligen Marmorportal und einer Holzdecke aus dem 12. Jh. oder zur imposanten Normannenburg von ***Adrano,** in der ein Archäologisches Museum untergebracht ist (tgl. 9–12 Uhr).

**Taormina

Wie kein anderer Ort prägte die kleine Stadt (11 000 Einw.) an der Ostküste das Sizilien-Klischee: blühende Pergolen mit Blick auf das traumblaue Meer, bunte Eselskarren und romantische Gassen. Allerdings leidet auch hier die Idylle unter Besuchermassen, omnipräsenten Reklametafeln und stinkenden Autoschlangen.

Den schönsten Blick auf den Ätna und die steile Küste hat man von der ***Piazza IX Aprile,** die Taorminas Prachtstraße und zentrale Fußgängerzone, den **Corso Umberto,** abschließt. Diesen zieren historische Bauwerke wie die wuchtige **Porta di Mezzo** mit dem fotogenen Uhrturm, der **Dom San Nicolò** aus dem 13. Jh., der 1410 im gotisch-katalanischen Stil erbaute **Palazzo Corvaia** sowie die **Porta Messina.**

Tipp Im **Teatro Greco,** dem bedeutendsten antiken Bauwerk der Stadt, findet zwischen Juni und September das Kulturfestival **Taormina Arte** statt, ein abwechslungsreiches Forum für überwiegend junge Musiker, Tänzer und Theaterleute.

Piazza IX Aprile in Taormina

AACST, Palazzo Corvaia, Tel. 0 94 22 32 43.

San Domenico Palace, Piazza S. Domenico 5 (sehr zentral), Tel. 0 94 22 37 01, Fax 09 42 62 55 06. Luxushotel in den Mauern eines Klosters aus dem 15. Jh. ○○○

Villa Riis, Via P. Rizzo 13, Tel. 0 94 22 48 74, Fax 09 42 62 62 54; E-Mail: villariis@tao.it. Romantisches Hotel mit Jugendstil-Interieur. ○○

Wenige Kilometer nördlich von Taormina passiert die Küstenstraße den Ferienort **Giardini Naxos,** die im Jahr 734 v. Chr. gegründete und damit älteste griechische Siedlung Siziliens. Exponate aus der Antike sind im stimmungsvollen **Archäologischen Park** zu sehen. Mit ihren langen Sandstränden, den malerischen Felsgruppen am blauen Wasser des Ionischen Meeres und der markanten Silhouette des Ätna-Massivs ist die Ostküste ein vielbesuchtes Reiseziel für Erholung Suchende.

Perfekt: Taorminas Teatro Greco mit dem Blick zum Ätna

Seite 77

Arabisch wirkt Cefalùs alter Kern

**Cefalù

An der nur 3 km breiten Meerenge von Messina vorbei, wo in der Antike die Ungeheuer Skylla und Charybdis auf verwegene Seefahrer lauerten, erreicht man Siziliens Nordküste am Tyrrhenischen Meer.

In der Kette der Fischerdörfer und Feriensiedlungen sticht die Kleinstadt Cefalù (14 000 Einw.) wie ein Edelstein heraus: Ihre verwinkelte, arabisch anmutende Altstadt ist ein Erbstück der normannischen Ära unter Roger II., der hier ein religiöses Zentrum als Gegenmacht zur Hauptstadt Palermo schaffen wollte.

Dem König ist der Bau des prächtigen ****Normannendoms Ss. Salvatore** (etwa ab 1130) mit den beiden massigen Türmen und dem dreibogigen Portikus zu verdanken. Wer genau hinsieht, wird auch an dieser Kirche viele wieder verwertete antike Säulen entdecken. Den majestätischen Innenraum zieren byzantinische Mosaiken und arabische Mandelbögen.

Das edle **Caffè Duomo** ist ein idealer Ort, um vor der stolzen Kulisse ein Glas frisch gepressten Zitronensaft oder einen eisgekühlten *aperitivo* zu genießen.

Tipp Im Hinterland von Cefalù liegt zwischen sanften Hügeln das Städtchen **Castelbuono** (15 km), das sich nicht nur einiger schöner mittelalterlicher Kirchen und eines feudalen Landsitzes, sondern auch seines gastronomischen Angebotes rühmt: Das Restaurant **Nangalarrumi** ist eine der bekannten Feinschmecker-Adressen auf der Insel und im **Cafè Fratelli Franconari** backen drei Brüder u. a. duftende lockere *panettone*, den weltbekannten Hefekuchen.

**Palermo

Urlaub in Palermo? Direkt in den Fängen der Camorra! Ähnlich wie Neapel leidet auch Siziliens Metropole am Tyrrhenischen Meer seit Jahrzehnten unter dem schlechten Ruf, morbides Zentrum der organisierten Kriminalität zu sein. Dabei hat sich die Stadt in den letzten Jahren enorm verändert, dank des engagierten Bürgermeisters Leoluca Orlando und großzügiger EU-Fördermittel: Renovierte Barockbauten und aufpolierte Straßenzüge, südliches Flair und sizilianisches Temperament prägen jetzt das Stadtbild. Palermo atmet auf und es spricht nichts gegen Spaziergänge im reizvollen Gassenlabyrinth.

Geschichte

An der Schnittstelle antiker Handelsrouten durch das Mittelmeer gelegen war die Siedlung seit ihrer Gründung vor rund 2800 Jahren schon immer polyglott: Phönizier, Hellenen, Römer, Araber, Normannen und die großen südeuropäischen Königsgeschlechter, sie alle drückten der *Conca d'Oro,* der

Palermo – man trifft sich in der Altstadt

Goldenen Muschel, ihre Stempel auf. So wurden viele Bauwerke aus arabischer und normannischer Zeit, wie etwa die ab 1185 errichtete Kathedrale, in späteren Jahrhunderten mehrfach umgebaut, sodass sie sich heute als stilistisches Puzzle präsentieren.

Vom **Normannenpalast ❶ zur **Cattedrale ❸

Seite 73/77

An der höchsten Stelle des historischen Stadtgebietes ragt der ****Normannenpalast ❶** in den meist strahlend blauen Himmel. Heute tagt dort das sizilianische Parlament.

Hinter den dicken Mauern des kubischen Bauwerks geben die **Stanza di Ruggero,** das reich mit Mosaiken verzierte Arbeitszimmer König Rogers II., und die einmalig schöne ****Cappella Palatina** einen weitgehend unverfälschten Eindruck von der normannischen Begeisterung für die Stile der

❶ Normannenpalast
❷ San Giovanni degli Eremiti
❸ Cattedrale
❹ Piazza Pretoria
❺ La Kalsa
❻ Vucciria
❼ Archäologisches Museum

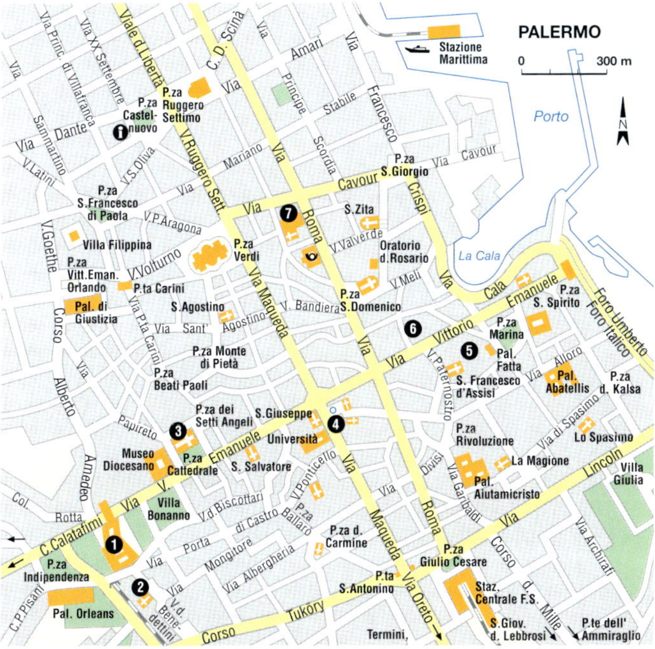

Cappella Palatina im Normannenpalast

Palermos Cattedrale: Grablege der Könige und Kaiser Siziliens

Seite 73/77

Mittelmeervölker. Arabische, byzantinische, antike und romanische Elemente ergänzen sich in der ab 1130 erbauten, dreischiffigen Basilika zu einem atemberaubenden Gesamtkunstwerk. Einmalig in der Cappella ist die Holzdecke des Mittelschiffes, die in bemalten Schnitzbildern den Alltag in der arabischen Welt wiedergibt, während goldene Mosaike an die Zeit der Kreuzzüge erinnern, als Palermo eine bedeutende Station auf der Reise in das Heilige Land war (Mo–Fr 9 bis 11.45, 15–16.45, Sa 9–12, So, Fei 9–10, 12–13 Uhr).

Normannischen Ursprungs ist auch die auffällige Kuppelkirche ***San Giovanni degli Eremiti ❷,** die Roger II. 1132 im Stil einer Moschee bauen ließ. Im Kreuzgang mit dem arabischen Brunnen steht seit dem Mittelalter die Zeit still.

Dafür drängen sich in der nahen ****Cattedrale ❸,** deren Grundstruktur aus dem 12. Jh. von gotischen und klassizistischen Elementen überlagert wird, die Reisegruppen in einer Seitenkapelle. Dort sind die prächtigen **Grabmäler der beiden Stauferkaiser Heinrich VI. (1165–1197) und Friedrich II. (1194–1250) sowie des Normannenkönigs Roger II. (1095–1154) und seiner Tochter Kaiserin Konstanze (1154–1198), der Mutter Friedrichs II., aufgestellt.

Sizilianische Vesper

Am Ostermontag des Jahres 1282 erhoben sich die Bürger Palermos zur Zeit des Abendgebetes (»Vesper«) gegen die Herrschaft Karls I. von Neapel-Sizilien. Durch den als »Sizilianische Vesper« bezeichneten Aufstand verlor das Haus Anjou die Insel an Peter III. von Aragón.

Piazza Pretoria❹ – Piazza Bellini

In neuem Glanz erstrahlen seit kurzem die Gebäude an der zentralen **Piazza Pretoria ❹.** Zwischen dem gotischen **Palazzo delle Aquile** (Rathaus) und den barocken Schnörkeln der Kirche **San Giuseppe dei Teatini** räkeln sich

Vor allem abends sehr romantisch: die göttlichen Nackten der Fontana di Pretoria

Seite 73/77

nackte Götter auf der Brüstung der ***Fontana di Pretoria.** Der manieristische Brunnen stammt aus Florenz und wurde im Jahr 1573 in Palermo aufgestellt.

Gleich hinter dem Rathaus säumen drei sehenswerte Kirchen die **Piazza Bellini:** die barocke **Chiesa Santa Catarina**, die normannisch-arabische Marienkirche ***La Martorana** mit wertvollen Goldmosaiken sowie die **Chiesa San Cataldo,** die, erkennbar an ihren roten Kuppeln, ebenfalls aus dem 12. Jh. erhalten ist.

Kalsa-Viertel ❺ und Vucciria ❻

Vom restaurierten Glanz zum morbiden Charme der Armut sind es in Palermo nur wenige Schritte. Im Viertel La Kalsa zwischen Via Roma und dem Hafen hat nicht umsonst die Nonne Mutter Teresa eines ihrer Ordenshäuser gegründet. Doch schon entdecken Investoren die Bausubstanz hinter den abgeblätterten Fassaden, eröffnen dynamische Jungunternehmer die ersten coolen Straßencafés unter Baldachinen aus Stromleitungen und Wäscheleinen.

In den Mauern eines gotischen Klosters aus dem 16. Jh. haben drogensüchtige Jugendliche, Dealer und Straßenkids mit Hilfe von Sozialarbeitern ein kunterbuntes **Kulturprojekt** auf die Beine gestellt. In **Lo Spa-**

Puppentheater

Früher reisten Marionettenspieler mit ihren fast lebensgroßen historischen Puppen von Stadt zu Stadt, um dem jubelnden Volk die Heldentaten der wackeren Kreuzritter im Kampf gegen die wilden Sarazenen vorzuführen. Heute sind die klassischen Stücke sowie moderne Adaptionen zwar nicht mehr auf der Straße, aber in den Puppentheatern von Palermo zu erleben.

Associazione Figli d'Arte Cuticchio, Via Bara all'Olivella 95, Tel. 0 91 32 34 00.
Opera dei Pupi, Vicolo Ragusi 6, Tel. 0 91 32 92 94.

Seite 73/77

Ein Markt als Bühne: Vucciria

simo finden fast täglich Konzerte und Ausstellungen statt. Außerdem werden dort Selbsthilfeprojekte für die Bewohner des Viertels koordiniert.

Der Corso Vittorio Emanuele trennt die Kalsa vom Marktviertel **Vucciria ❻,** wo jeden Morgen theatralisch und laut die frischesten Meeresfrüchte, das beste Gemüse, die aromatischsten Gewürzmischungen und die aktuellsten Raubkopien angepriesen werden. Achtung, am dichtesten ist das Gedränge an Samstagen, dann machen auch die Taschendiebe reiche Beute. Vorsicht!

Wichtige Museen

Einen Überblick über das antike Erbe Siziliens vermittelt der Besuch im **Archäologischen Museum ❼** in den Mauern des früheren Kloster S. P. Neri (Piazza Olivella, tgl. 9–13.30 Uhr, Di, Mi, Fr auch 15–18.30 Uhr, So, Fei 9 bis 13 Uhr). Hier sind römische Artefakte und die prächtigsten Fundstücke aus den griechischen Tempelanlagen Siziliens zu sehen, etwa der Löwenkopf-Wasserspeier von Himera oder das Gorgonenhaupt aus der Akropolis von Selinunte.

Siziliens bedeutendste Kunstsammlung ist in der **Nationalgalerie** im **Palazzo Abatellis** untergebracht. Zu den wertvollsten Exponaten zählen neapolitanische Madonnen und eine detaillierte Darstellung eines Totentanzes aus dem 15. Jh. (Mo–Fr 9 bis 13.30, Di, Do auch 15–19.30 Uhr, So, Fei 9–12.30 Uhr).

AAPIT, Piazza Castelnuovo 35, 90141 Palermo,
Tel. 09 16 05 81 11, Fax 0 91 58 27 88.

- Infobüros außerdem am Flughafen sowie am Seehafen.
- **www.aapit.pa.it**

Flughafen: Falcone-Borsellino (25 km).
Fährverbindungen: Linienverkehr zu den großen Häfen auf dem Festland und zahlreiche Fähren zu den Liparischen Inseln.
Bus und Taxi: Zentrale Haltestellen am Hauptbahnhof (Piazza Giulio Cesare).

Grande Albergo Sole, Corso Vittorio Emanuele 291, Tel. 0 91 58 18 11. Haus mit Tradition, teils mit Antiquitäten eingerichtete Zimmer; Dachterrasse. ❍❍
- **Villa Archirafi,** Via Lincoln 30, Tel. 09 16 16 88 27. Freundliches, ruhig gelegenes Haus mit kleinem Garten. ❍❍

Seite 73/77

Trattoria al Genio, Piazza San Carlo 9, Tel. 09 16 16 66 42. Ausgezeichnete regionale Gerichte in

Seite 76

Großartige Kunst: der Dom in Monreale

einem Palazzo mit romantischem Innenhof. ❍❍

▮ **Toto,** in der Vucciria. Eine Institution schlichter Genüsse im Marktviertel. ❍

Monreale

8 km südwestlich von Palermo krönt der überreich verzierte *****Duomo Santa Maria la Nova** von Monreale (29 000 Einw.) das Hügelland. Erst aus der Nähe erkennt man die filigranen Strukturen und Intarsienbänder des 1174–1189 unter der Herrschaft des Normannenkönigs Wilhelm II. in Rekordzeit errichteten Kolosses: Dekorative Bronzetüren mit Szenen aus dem Alten und Neuen Testament schließen das Hauptportal, schwarzweiße Steinbordüren und aufwändig dekorierte Ziegelbänder gliedern die tragenden Mauern, das dreischiffige Langhaus ist vollständig mit Mosaiken im byzantinischen Stil verziert.

Im romanischen *****Chiostro,** dem Kreuzgang des angrenzenden Benediktinerklosters, lagern auf 228 Marmorsäulen kunstfertig skulptierte Kapitelle, von denen keines dem anderen gleicht.

Öffnungszeiten: Dom/Domschatz tgl. 8–12, 15.30–18.30 Uhr, Kreuzgang: tgl. 9–12 Uhr, Mo, Di, Do auch ca. 14–18 Uhr.

i **AAPIT,** Piazza Duomo, 90046 Monreale, Tel. 09 16 56 45 70.

Busverbindung: Stadtbus Linien 309 und 389 nach Palermo.

**Segesta und *Erice

Wie glücklich wären die Griechen, stünden nur die Hälfte der antiken Tempel und Heiligtümer Siziliens auf ihrem Territorium! Denn bei Segesta, Agrigent und Selinunte strahlen die am besten erhaltenen Bauwerke jener Epoche, als Hellas die führende Handelsmacht im Mittelmeerraum war und sogar die Römer Griechisch sprachen. Unübersehbar erhebt sich in der weiten Hügellandschaft am nordwestlichen Inselende ein dorischer Tempel wie aus dem Bilderbuch: ****Segesta** (s. S. 22).

Um 430 v. Chr. errichtet, wurde der Säulenbau nie fertig gestellt, blieb aber im Gegensatz zur gleichnamigen Stadt bis heute als stattlicher »Rohbau« erhalten (tgl. 9 Uhr bis 2 Stunden vor Sonnenuntergang).

Ganz anders dagegen ***Erice**, das malerisch auf einem schroffen Bergplateau liegt. Auf den antiken Fundamenten eines viel besuchten Venustempels entstand im Mittelalter das **Castello di Venere,** das Zentrum der heute so pittoresken Festungsstadt, die man auch für ihr Marzipangebäck kennt. Ungewöhnlich für eine sizilianische Kirche ist übrigens der mit Zinnen verzierte Campanile der ***Chiesa Matrice** aus dem späten 14. Jh.

Bizarr: die Salinen von Trapani

Selinunte

Seite 76

Siziliens Westen

Trapani (75 000 Einw.) ist bekannt für das Meersalz, das man seit knapp 3000 Jahren in den **Salinen** am südlichen Stadtrand gewinnt. Doch das Geschäft mit den weißen Kristallen, die sich nach einigen Tagen in den flachen Verdunstungsbecken absetzen, lohnt sich nicht mehr. Die fotogenen Windmühlen, mit denen man früher das Meerwasser an Land pumpte sind längst außer Betrieb.

Zwar gibt es in der Altstadt einige historische Gebäude, die meisten Besucher steuern aber direkt den Fährhafen an, um auf die einsamen Ägadischen Inseln (Isole Egadi) oder nach Pantelleria überzusetzen.

An ***Marsala** (80 000 Einw.) dagegen sollte man schon wegen des bekannten Dessertweins nicht vorbeifahren. Am westlichen Punkt Siziliens gelegen, war die Stadt schon für die Phönizier ein wichtiger Brückenkopf nach Nordafrika. Noch heute ist sie geprägt von arabischem Flair, auch wenn sich am 11. Mai 1860 Garibaldi in Marsala aufmachte, um mit seiner Gefolgschaft Italien zu einigen.

Die Sehenswürdigkeiten konzentrieren sich auf das kleine Altstadtviertel, vor allem das **Museo Nazionale Lilibeo** lohnt einen Besuch, denn dort ist ein vollständig erhaltenes, 35 m langes **punisches Kriegsschiff aus dem 3. Jh. v. Chr. zu sehen. Es wurde 1969 aus dem Hafenbecken geborgen.

Tipp Die beste Auswahl an **Marsalaweinen** bietet die traditionsreiche **Cantina Florio,** Via Florio 1, in der seit 1833 die fruchtigen Weine produziert werden. Neben den klassisch süßen Dessertweinen bietet man inzwischen vermehrt auch feine, trockene Tropfen an. Tel. 09 23 78 11 11.

i **AAPIT,** Via XI Maggio 100, 91025 Marsala, Tel. 09 23 71 40 97.

**Selinunte

Eine der wichtigsten Stationen auf der Fahrt entlang der Südküste ist die Tempelanlage von Selinunte inmitten einer kargen, fast menschenleeren Senke. Nach langjährigen Restaurierungsarbeiten umfasst der weitläufige ****Archäologische Park** inzwischen sieben stattliche Tempel und jede Menge unerforschtes Gelände.

Seite 77

Klassisches Griechenland in Sizilien: der Concordia-Tempel von Agrigento

Auf dem **Osthügel** steht u. a. der 113 m lange und 54 m hohe **Tempel G,** einer der größten der griechischen Antike, erbaut um 520 v. Chr.; **Tempel E** ist ein klassischer dorischer Bau aus dem 5. Jh. v. Chr.

Auf einem flachen Plateau erhebt sich die **Akropolis**, deren Säulenhallen jedoch nicht so umfassend restauriert wurden wie jene auf dem Osthügel. Den **Tempel C,** das Wahrzeichen von Selinunte, schmückte einst ein wildes Gorgonenhaupt (tgl. 9 Uhr bis eine Stunde vor Sonnenuntergang).

Alceste, Via Alceste 21, Marinella di Selinunte, Tel. 0 92 44 61 84. Modernes Hotel im Fischerort, guter Service. ❍❍

Agrigento und das ***Valle dei Templi

Als moderne Stadt mit den üblichen angeschmuddelten und gesichtslosen Wohnblöcken macht **Agrigento** (55 000 Einw.) auf den ersten Blick keinen guten Eindruck. Die Überraschung folgt im verwinkelten Zentrum der so genannten **Neustadt,** wo sich Abstecher zur normannischen ***Cattedrale San Gerlando** und zur barocken **Chiesa del Purgatorio** ebenso lohnen wie eine Kaffeepause mit zarten *dolci di mandorla,* Mandelplätzchen, die auf der Zunge zergehen.

Dann aber ist es höchste Zeit, um das imposante ***Valle dei Templi,** das Tal der Tempel (tgl. 9 Uhr bis 1 Std. vor Sonnenuntergang), zu besuchen: In einer natürlichen Senke sind sechs antike Bauwerke in unterschiedlichen Erhaltungsstadien aufgereiht. Johann Wolfgang von Goethe war anno 1787 auf seiner »Italienischen Reise« keineswegs begeistert von diesem »Schutthaufen«, inzwischen sind die umgestürzten Säulen jedoch so weit wieder aufgerichtet, dass sie auf imposante Weise die Größe der griechischen Baumeister belegen.

Den schönsten Blick hat man in den Morgenstunden vom **Tempel der Hera Lakinia** nach Westen. Fast schon skurril ist die Geschichte des klassisch dorischen ****Concordia-Tempels,** den Papst Gregor im 6. Jh. zu einer Kirche ausbauen ließ und ihn so für die Nachwelt erhalten hat. Inzwischen haben Archäologen die Kirchenmauern beseitigt und die 38 Säulen restauriert.

Barocke Städte im Südosten

Für einen Stopp in der trutzig über einen Hügel gemauerten Provinzhauptstadt ***Ragusa** (65 000 Einw.) sprechen nicht nur die schöne Barockbasilika San Giorgio und die traumhafte Aussicht vom Platz vor der Kirche Santa Maria della Scala, sondern auch die lebhafte Unterstadt **Ragusa Ibla,** wo man in Trattorien und Bars dem Dolce vita frönen kann.

In der Gegend von Ragusa spielt Guiseppe Tomasi di Lampedusas (1896–1957) weltberühmter Roman **»Der Leopard«.** Die Familie des Autors wohnte über Jahrhunderte im Bergstädtchen Palma di Montechiaro, der Palazzo Donnafugata diente als Vorbild für den Landsitz des beschriebenen Feudalherren.

Das größte Juwel des sizilianischen Barock ist das Städtchen ****Noto.** Dabei verdankt es seiner Entstehung dem schweren Erdbeben von 1693 und der kompromisslosen Planung der drei einheimischen Architekten Labisi, Gagliari und Sinatra, die sämtliche Kirchen und Palazzi um drei zentrale Plätze herum gruppierten. Schnurgerade verläuft der Corso Vittorio Emanuele durch das verschnörkelte Freilichtmuseum aus goldgelbem Sandstein, an dessen mit wunderschön verzierten Fassaden man sich kaum satt sehen kann.

AAPIT, Piazzale XVI Maggio, 96017 Noto, Tel./Fax 09 31 83 67 44.

Der Hafen von Siracusa

Seite 77

**Siracusa (Syrakus)

Als mächtigste aller griechischen Gründungen auf Sizilien profitiert die Provinzhauptstadt (122 000 Einw.) bis in die Gegenwart vom Handelsgeschick der Korinther und ihrer Nachfahren: Das antike ***Castello Eurialo** im Nordwesten war die prächtigste Festung des griechischen Weltreiches, bis zu 3000 Soldaten konnten sich darin verschanzen und den Römern lange Widerstand leisten.

Im antiken Zentrum, heute der archäologische Park von **Neapolis** und **Ortigia,** fanden die reichen Handelsherren allen Komfort ihrer Zeit. Kein Wunder also, dass Cicero sie als »schönste Stadt der Welt« bezeichnete. Relikte aus jener Epoche zieren heute die Kollektion des ****Museo Archeologico Paolo Orsi** im Park der Villa Landolina (Di–So 9–14, Mi, Fr auch 15.30–19.30 Uhr).

Über eine Brücke gelangt man in die **Altstadt** auf der Insel Ortigia und zum **Apollon-Tempel**. Außer einigen antiken Tempelruinen sind im alten Zentrum auch barocke Bauwerke gut erhalten.

Vielfach umgebaut wurden der im Kern aus dem 5. Jh. stammende ****Dom** mit seiner prächtigen barocken Innenausstattung sowie der

Seite 77

Zur Passegiata treffen sich die Syrakusaner auf der Uferpromenade La Volta

Palazzo Vermexio aus dem Jahre 1629, in dem heute das Rathaus untergebracht ist.

AAPIT, Via San Sebastiano 43, Tel. 09 31 48 12 00.

Domus Mariae, Via Vittoria Veneto 76, Tel. 0 93 12 48 54. Von Nonnen geführtes Hotel in der Altstadt. ❍❍

Tipp Ein Foto an der **Fonte di Aretusa** an der Seepromenade ist zumindest für Verliebte ein Muss, erinnert der Brunnen doch an den hartnäckigen Jäger Alpheios von der Peloponnes, der sich aus Liebe zur Nymphe Arethusa in einen Fluss verwandelte und ihr bis an die fernen Gestaden Siziliens folgte.

Das Inselzentrum: Mythen und Mosaike

In der Abgeschiedenheit der gebirgigen Inselmitte fühlten sich bereits antike Potentaten wohl – und sicher vor den Attacken ihrer Feinde: Seit Jahrtausenden wächst in den weiten Tälern auf fruchtbaren Böden der Hartweizen für bissfeste italienische Pasta. Und hoch auf den Felsen drängen sich Orte, in denen das Wort des Padrone noch Gesetz ist.

*Enna

Im Inselzentrum liegt die altehrwürdige Provinzhauptstadt (30 000 Einw.) auf einem langen Felsrücken, den das ***Castello di Lombardia** beherrscht. Friedrich II. hatte es mit ursprünglich 20 Wehrtürmen errichten lassen. Um im Falle eines feindlichen Angriffs ganz sicher zu sein, gruben seine Männer auch einen knapp 1 km langen, unterirdischen Gang zum monumentalen Wohnturm des Stauferkaisers am anderen Ende von Enna.

Knapp hundert Jahre später stiftete Eleonora von Aragón den **Dom,** der jedoch 1446 abbrannte und dann im Stil des 16. Jh. wieder aufgebaut wurde.

AAPIT, Via Roma 411, 94100 Enna, Tel. 09 35 52 82 28.

Ariston, Via Roma 353, Tel. 0 93 52 60 38, So geschl.

Sizilianische Spezialitäten, jede Menge frischer Fisch. ○○

**Villa Romana del Casale

Dass der Bikini keine moderne Kreation ist, lernt man spätestens in der sog. römischen Kaiservilla von Casale. Zwar lebte dort im 3./4. Jh. n. Chr. kein richtiger Kaiser, sondern die Familie eines sizilianischen Großwildjägers. Doch die einmalige Qualität der insgesamt 3500 m² großen und erst 1929 wieder entdeckten Bodenmosaike in den 50 Räumen beweist Stil und Geschmack der Auftraggeber. Neben den Bikini-Schönheiten sieht man beim Gänsemarsch über die Laufstege u. a. Szenen aus dem Massagesalon und eine Großwildjagd in Afrika.

Tipp **Keramik:** Einige der Motive aus der Villa Romana del Casale finden sich wieder auf den Tellern der Ateliers von **Caltagirone,** wo Töpfer aus dem Lehmboden der Region fröhlich-bunte Mitbringsel drehen. Farbige Majoliken pflastern auch die protzige Treppe La Scala und – natürlich – das **Museo della Ceramica,** das die Entwicklung der Keramikkunst erläutert.

Seite 77

Cinema Paradiso

Dieses Licht, diese Fassaden, dieses nostalgische Flair – Süditalien ist ein Land für Drehbuchautoren, Filmregisseure und Cineasten. Voller barocker Kirchen, verträumter Hafenbecken und kurviger Straßen, die man schon im Kino oder Fernsehen gesehen hat: Roberto Rosselini setzte in den 1950er-Jahren auf der Vulkaninsel Stromboli sein gleichnamiges Melodram in Szene, wenig später filmte er in Neapel, Capri und zwischen den Mauern von Pompeji das Liebesdrama »Die italienische Reise«. Lucchino Viscontis Literaturverfilmung »Der Leopard« bannte nicht nur die feudale Dekadenz, sondern auch die Hügellandschaft um Ragusa in epischer Breite auf Celluloid, das Städtchen Corleone ist seit Francis Ford Coppolas Mafia-Klassiker »Der Pate« weltbekannt, während Pier Paolo Passolini mit seinen Sozialdramen nicht unerheblich zum schlechten Ruf Neapels als Stadt der Fixer, Stricher und Banditen beigetragen hat. Giuseppe Tornatore erhielt 1990 einen Oscar für den träumerischen, in Cefalù und Palazzo Adriano gedrehten Heimatfilm »Cinema Paradiso«. »Der talentierte Mr. Ripley« spielte erst vor wenigen Jahren sein falsches Spiel zwischen Forio, Procida und Palermo.

So vielfältig die Geschichten aus dem Süden auch sind, fast immer umhüllt sie ein zarter Schleier der Sympathie für ihre komischen, tragischen, brutalen Helden, für gerissene Verlierertypen und verquere Lebenskünstler. Als geborene Schauspieler, die sich jeden Abend bei der Passegiata auf der Piazza und jeden Morgen beim Einkaufen auf dem Markt gestenreich in Szene zu setzen wissen, sind Süditaliener die idealen Laiendarsteller – und manchmal schafft jemand sogar den großen Sprung ins Filmgeschäft, wie der sizilianische Herzensbrecher Rudolfo Valentino und die schöne Sophia Loren aus Pozzuoli bei Neapel.

1

Seite 89

Tour 1

Amalfitana – die Traumstraße

***Sorrento → **Positano → *Amalfi → **Ravello → Vietri sul Mare → *Salerno → ***Paestum → *Cilento (210 km)**

Postkartenmotive, wohin man blickt. Kampaniens Südosten, die Region zwischen Sorrento und Salerno, ist ein Garant für touristische Reizüberflutung: spektakuläre Küstenabschnitte, deren Charme verwinkelte Städtchen und Dörfer noch unterstreichen, einmalig schöne Bauwerke aus drei Jahrtausenden und nur einen Steinwurf entfernt sympathische Bars und Gelaterias, verträumte Täler und fast schon alpine Panoramen im Hinterland. Wen erstaunt es, dass sich hier im Sommer die Urlaubsbusse stauen und die Küstenstraße Amalfitana nur noch in eine Richtung befahren werden darf. Drei Tage Zeit sollten Sie sich nehmen, um wenigstens die wichtigsten Stationen dieser Tour zu genießen.

*Sorrento

Auf einem 80 m hohen Felsplateau thront das schöne, aber überlaufene Städtchen über dem Meer. Masse und Klasse gehen auf der Sorrentiner Halbinsel Hand in Hand – der Unterschied zu Capri oder Ischia ist da nicht groß. Dass die bunten Städte, die steile Küstenlinie und das idyllische Hinterland trotz des endlosen Touristenstromes mit all seinen lästigen Begleiterscheinungen ihren Zauber be-

Sorrento

wahrt haben, ist ein Wunder – und eine Glanzleistung der Einheimischen, die selbst im größten Trubel noch ein Lächeln zustande bringen.

Die wunderbare Leichtigkeit von Sorrento, der malerischen Sommerfrische des 18. und 19. Jhs., liegt über der geschäftigen **Marina Piccola** und erfüllt den Orangengarten um das ***Museo Correale di Terranova** mit seiner kostbaren Sammlung römischer und griechischer Skulpturen sowie alten Kunsthandwerks. Sie prägt den romantischen Kreuzgang der **Chiesa San Francesco** (14. Jh.) und weht durch die engen Altstadtgassen um den **Sedile Dominova** aus dem 15. Jh., den Palazzo, in dem jeden Abend die alten Herren vom Arbeiterverein eine Partie Schach spielen. Nur die etwas dröge Haltung des Renaissancedichters **Torquato Tasso** (1544–1595) auf seinem Denkmal passt nicht so recht zum allgemeinen Trubel.

i **AAST,** Villa Comunale, Via Luigi de Maio 35, Tel. 08 18 78 11 15 und 08 18 07 40 33.

1

Seite 89

Bahn: Endstation der Circumvesuviana ab Neapel.
Schnellfähren: nach Neapel, Capri, Ischia und Positano.

Excelsior Vittoria, Piazza T. Tasso 34, Tel. 08 18 07 10 44. Prächtiges, klassizistisches Luxushotel in exponierter Lage direkt über der Steilküste. ❍❍❍
▮ **Zi Teresa,** Via Vico II Rota 9, Tel. 08 18 78 46 19. Einfaches, familiäres Haus. ❍❍

Don Alfonso 1890, Corso Sant'Agata 11, Sant'Agata sui Due Golfi, Tel. 08 18 78 00 26. Das beste Feinschmeckerlokal Süditaliens liegt unspektakulär im Hinterland von Sorrento. ❍❍❍
▮ **Gelateria Polio,** Corso Italia 23. Eine der besten Eisdielen des Südens mit ständig neuen Kreationen – und saftigen Preisen. ❍

Tipp Den schönsten Blick über die Küste und auf den Sonnenuntergang im Golf von Neapel verspricht das Gartencafé des **Foreigner's Club** in der Villa Comunale.

Entlang der **Amalfitana

An der südlichen Flanke der Sorrentiner Halbinsel beginnt die weltberühmte, gut 40 km lange Panoramastraße kurz hinter Sant'Agata. Man muss nicht mit wehendem Haar auf einem Motorroller sitzen, um sich vorzukommen wie in einer Urlaubsschnulze aus den sechziger Jahren. Rechts das tiefblaue Wasser, links jähe Felsabbrüche und dazwischen Menschen in bester Laune, die hinter jeder Kurve begeistert auf ihre Fotoapparate drücken und damit den Rückstau noch vergrößern.

Dunkle Strände säumen Positanos Küste

**Positano

Besonders fotogen drängen sich die bunten Würfelhäuser von Positano (3200 Einw.) an einen halbrunden Steilhang. Das Zentrum ist zum Glück autofrei und dennoch muss man sich seinen Weg durch die Menschenmassen bahnen, die in den Gassen verspielte Flattermode und bunte Keramik bewundern. Rund um den schmucken **Palazzo Murat**, in dem einst Napoleons Statthalter residierte, bieten heute Hobbykünstler und Aussteiger Aquarelle, Schmuck und überteuerte Souvenirs feil.

An die großartige Vergangenheit, als Positano im Mittelalter eine Stadt der Seefahrer war, erinnern das normannische Halbrelief neben der Pfarrkirche **Santa Maria Assunta** – das Fabeltier ist übrigens ein »See-Hund« –, sowie das bunte Spektakel der **Sarazenenschlacht,** das jedes Jahr im August zu Mariä Himmelfahrt zelebriert wird (s.S. 9 und S. 20).

AACST, Via del Saracino 4, Tel. 0 89 87 57 60.

Le Sirenuse, Via C. Colombo 30, Tel. 0 89 87 50 66. Mondänes Firstclass-Hotel mit schicken Dachterrassen und Traumblick über die Stadt. ❍❍❍

1

Seite 89

Hotel Convento Cappuccini – nobles Wohnen in einem ehemaligen Kloster in Amalfi

Casa Guadagno, Via Fornillo 36, Tel. 0 89 87 50 42. Kleines Familienhotel am Stadtrand, einfach und nett. ❍

Junge Leute aus ganz Kampanien drängen sich im Sommer in der Openair-Disko **L'Africana** in einer Schlucht am Ortsrand von Praiano (Via Torre a Mare).

*Amalfi

Durch die Ferienhaussiedlung von Praiano und vorbei an den Souvenirshops oberhalb der **Grotta dello Smeraldo,** die ebenso gut besucht, aber nicht ganz so verkitscht ist wie die Blaue Grotte auf Capri, windet sich die Küstenstraße hinunter nach Amalfi. Ab 850 war es eine starke Seerepublik und Handelsmacht und zählte bis zu 50 000 Bewohner.

1131 jedoch begann Amalfis Niedergang: Es wurde von den Normannen erobert, 1137 von den Pisanern geplündert, im 14. Jh. von einem Seebeben erschüttert und dann von der Geschichte vergessen.

Erst im 19. Jh. endete der Dornröschenschlaf, als prominente Weltenbummler den Reizen der verschachtelten Gassen im engen Valle dei Mulini (Mühlental) erlagen.

Streit um den Kompass

Stolz steht er im Hafen von Amalfi: **Flavio Gioia,** Sohn der Stadt und vermeintlicher Erfinder des Kompasses, der die riskanten Fahrten auf dem Mittelmeer etwas kalkulierbarer werden ließ. Diesen Ruhm machen den Amalfitanern allerdings die Patrioten aus Positano streitig – und einige Fachleute, die der Ansicht sind, Gioia habe die Erfindung lediglich von arabischen Seeleuten abgekupfert, die wiederum über Handelskontakte in den fernen Osten an den Kompass geraten wären. Denn entwickelt hätten das Gerät eindeutig die Chinesen.

1
Seite 89

Beliebter Hintergrund für Hochzeitsfotos ist die im 19. Jh. errichtete, reich verzierte und golden glänzende Fassade der **Basilica del Crocifisso,** (s. Abb. S. 5), die auf normannischen Grundmauern steht.

Eine Freitreppe führt hinauf zu diesem auffälligen Dom, in dessen massiv barockisierter **Krypta** die Gebeine des Apostels Andreas ruhen. Der christliche Märtyrer, Bruder des Simon Petrus, wird als Schutzpatron der Stadt verehrt, seine sterblichen Überreste – im Übrigen ohne den Kopf – stahlen die Amalfitaner aus Konstantinopel. Neben der Kirche ist ein idyllischer, mit Fresken geschmückter Kreuzgang, der ***Chiostro del Paradiso** aus dem 14. Jh., erhalten.

AACST, Corso Roma 19, Tel. 0 89 87 11 07.

Il Saraceno, Via Augustariccio 33, Tel. 0 89 83 11 48. Kühn in die Steilküste hineingebautes Grand Hotel im mittelalterlichen Stil. ❍❍❍
▮ **Marina Riviera,** Via Comite 19, Tel. 0 89 87 11 04. Traditionsreiches Hotel im ehemaligen Franziskanerkloster an der Steilküste. ❍❍

Traditionell handgeschöpfte Papiere und wertvolle Drucke mit historischen Motiven verkauft **D'Antuono,** Piazza Duomo 11.

**Ravello

Im Gegensatz zu Positano oder Amalfi liegt Ravello (2300 Einw.) kühn auf einer Felsenspitze über der **Costiera Amalfitana.** Dort ließen sich die starken Männer der Seerepublik auf dem gut zu verteidigenden Fels prächtige Palazzi bauen, in denen sie ihre Schätze horten konnten. Zudem stifteten

Blick von der Villa Rufolo über die Chiesa Annunziata in Ravello

sie fleißig Klöster, um sich des himmlischen Wohlwollens zu versichern.

Mit dem Ort **Scala,** der auf der gegenüberliegenden Seite des Drachentals an einem steilen Ausläufer der Monti Lattari klebt, lieferten sich die reichen Familien Ravellos einen ehrgeizigen Wettstreit um den Bau der schönsten Gotteshäuser.

So erklärt sich die einzigartige Pracht, die den ****Duomo San Pantaleone** zur bedeutendsten Kirche dieses wunderschönen Küstenstreifens macht: Das Portal verschließen Bronzetüren aus der Werkstatt des apulischen Bildhauers Barisano da Trani (1179), der filigrane Campanile mit den maurischen Bögen wird auf das 13. Jh. datiert. Die Gewölbe ruhen auf antiken Säulen aus Paestum. Das Meisterwerk eines aus Apulien stammenden Künstlers ist die mit Mosaiken geschmückte Kanzel (1272), die von sechs Steinlöwen getragen wird. Das Lesepult gegenüber ziert ein ebenfalls bekanntes Mosaik. Es bildet die Legende von Jonas und dem Wal ab.

1

Seite 89

Direkt neben dem Dom liegt die **Villa Rufolo** (s. unten), ein nur teilweise restaurierter Gebäudekomplex im normannisch-arabischen Stil, den die Patrizierfamilie Rufolo im 13. Jh. in Auftrag gab (tgl. 9–18 Uhr, freitags abends Kammerkonzerte)

Tipp Der Blick von den Terrassengärten der Villa Rufolo auf den Golf von Salerno ist ebenso schön wie die Aussicht vom Belvedere der eklektizistischen **Villa Cimbrone** (heute Hotel), die sich ein britischer Millionär Ende des 19. Jhs. bauen ließ. Über die

Klingsors Garten

Der Komponist war in Nöten. Seit Monaten brütete Richard Wagner auf Kosten seiner Mäzene im sonnigen Süditalien über einer neuen Oper, da traf ihn am 26. Mai 1880 zwischen den bröckelnden Mauern und den opulent grünen Bäumen im mittelalterlichen Gutshof der Villa Rufolo wie ein Blitz die Inspiration: »Klingsors Garten ist gefunden«, rief der Meister. Die Schaffenskrise war vorüber, die Oper Parsifal auf dem besten Weg zum Kassenschlager – und das Städtchen Ravello bald weltberühmt.

Seit 1953 ehrt man Wagner und viele andere Stars der klassischen Musik mit den international renommierten Festspielen in der Villa Rufolo.

Information und Kartenvorverkauf: **Società dei Concerti,** Via Trinità 3, Tel. 0 89 85 83 35, www.res.amalficoast.it.

Rom
Pescara
Termoli
Campobasso
Molise
Isole Tremiti
Capua
Sant' Angelo in Formis
Cumae
Ischia
NAPOLI (NEAPEL)
Caserta
APPENNINO CAMPANO
Lago di Lesina
Fortore
San Severo
Lago di Varano
Herculaneum
Vesuv 1277
Benevento
Promontorio del Gargano
Parco Nazionale del Gargano
Sorrento
Pompeji
Troia
Foggia
Vieste
Manfredonia
Positano
Avellino
Ravello
Amalfi
Salerno
Calore
Cervaro
Golfo di Salerno
Kampanien
Golfo di Manfredonia
Ofanto
Cerignola
Paestum
Agropoli
Sele
Melfi
Canosa di Puglia
ADRIATISCHES MEER
Barletta
Acciaroli
Andria
Trani
Parco Nazionale del Cilento e Vallo di Diano
Potenza
LE MURGE
Castel del Monte
Marina di Ascea
1898
M. Cervati
Sala Consilina
Molfetta
Palinuro
Apulien
Dubrovnik
Bari
Marina di Camerota
Sapri
Bradano
Altamura
Golfo di Policastro
Lagonegro
APPENNINO LUCANO
Basilikata
Matera
Patras, Korfu
Maratea
Castellana Grotte
Monopoli
Parco del Nazionale Pollino
Alberobello
2248
M. Pollino
Massafra
Castrovillari
Metaponto
Ostuni
Taranto (Tarent)
Kalabrien
Francavilla Fontana
Paola
Crati
Cosenza
Rossano
Golfo di Taranto
Manduria
Brindisi
M. Botte Donato 1928
P. Nazionale Calabria
LA SILA
P. N. Calabria
Lecce
Gallipoli
Catanzaro
Galatina
Ampolino
IONISCHES MEER
Golfo di Squillace
Crotone
Capo Rizzuto
Capo Colonna
Otranto
Korfu

1

Seite 89

Kunst oder Kitsch – Souvenirs

Qualität der historisierenden Bauten und kopierten Statuen aus Pompeji kann man streiten, die Gartenanlagen jedoch begeistern zu jeder Jahreszeit.

AACST, Piazza Duomo 10, Tel. 0 89 85 70 96.

Palumbo, Via San Giovanni del Toro 16, Tel. 0 89 85 72 44. Luxushotel in einem Palazzo aus dem 12. Jh., in dem auch Richard Wagner und Bill Clinton nächtigten. ○○○

Bonadies, Piazza Fonatana 5, Tel. 0 89 85 79 18. Freundliches, verwinkeltes Hotel mit schöner Aussicht auf den Golf von Salerno. ○○.

Cumpa'Cosimo, Via Roma 44, Tel. 0 89 85 71 56. Gut besucht und familiär, herzhafte Gerichte. ○○

Vietri sul Mare

Vorbei an den Feriensiedlungen der Orte Minori und Maiori schlängelt sich die Amalfitana Richtung Osten und endet nach gut 40 abwechslungsreichen Kilometern entlang der Steilküste in Vietri sul Mare, das fast schon eine Vorstadt von Salerno ist.

Vietri ist das Zentrum der kampanischen **Keramikindustrie** und ein günstiger Ort, um schmucke Einzelstücke oder ausgefallene Dekorkacheln zu kaufen, z.B. bei **Ceramica Falcone,** P.za G. Matteotti 140–154; **Carrera,** Corso Umberto I 31.

Salerno

Vom alten Glanz der Hafenstadt ist seit den alliierten Bombenangriffen von 1943 nicht viel geblieben. Die um 1080 errichtete normannische **Kathedrale San Matteo** sieht nach langer Renovierung jetzt wieder fast so aus wie im 12. Jh. Auch in dieser Kirche haben die Baumeister des Mittelalters antike Säulen aus Paestum wieder verwertet; besonders prächtig sind jedoch die beiden Löwenportale und die 1099 in Konstantinopel gefertigten Bronzetüren.

An die legendäre *Scuola Medica,* die älteste medizinische Ausbildungsstätte Europas, aus dem 11. Jh. erinnert nur noch eine Miniatur im **Stadtmuseum.** So ist es verständlich, dass die meisten Besucher an Salerno vorbei an die südliche Flanke des Golfes fahren, wo eine weitere steinalte Sensation auf sie wartet.

EPT, Via Velia 15, Tel. 0 89 23 04 11.

***Paestum

1752, beim Bau der bourbonischen Küstenstraße, stießen Arbeiter im sumpfigen Gestrüpp auf die Ruinen

1

Seite 89

Erst 1752 beim Straßenbau wieder entdeckt: die griechischen Tempel von Paestum

einer antiken griechischen Siedlung: *Poseidonia* (lat.: Paestum) war wieder gefunden. Inzwischen legten Archäologen Reste der 4,7 km langen Stadtmauer, vier Haupttore, das Amphitheater und drei beeindruckend schön restaurierte Tempel aus dem 6. bis 4. Jh. v. Chr. frei.

Poseidon- (oder Neptun-)Tempel sowie die so genannte Basilika waren ursprünglich vermutlich der Göttin Hera geweiht, während im Ceres-Tempel die Göttin Athene verehrt wurde.

Im **Museo Archeologico** (tgl. 9 bis 19 Uhr) erhält man einen Überblick über die Bautechnik und die Kulte der sybarischen (kalabrischen) Gründerväter. Ferner sind dort einmalige Wandmalereien aus einer Nekropole zu sehen, z. B. das um 480 v. Chr. entstandene Fresko eines springenden Tauchers.

AACST, Via Magna Grecia 151, Tel. 08 28 81 10 16.

Schuhmann, Via Laura Mare, Tel. 08 28 85 11 51. Gepflegtes Strandhotel in der Nähe der antiken Stätten. ○○

Cerere, Via Laura mare, Loc. Laura, Tel. 08 28 85 17 51. Angenehmes Mittelklassehotel am Strand. ○○

*Cilento

Ein Stück weitgehend unberührtes Italien hat sich südlich von Agropoli im hügeligen Cilento erhalten. Noch wehren sich die Bauern und Fischer gegen den Ausverkauf ihrer Idylle an Bauspekulanten, noch können Wanderer ungestört durch den beschaulichen **Nationalpark** (180 000 ha) um den 1898 m hohen Monte Cervati schweifen, die Idylle des Bergdorfs **Castellabate** genießen und am **Capo Palinuro** in den ungetrübt türkisblauen Buchten baden. Wie lange noch?

Parco Nazionale del Cilento e Vallo di Diano, Via O. De Marsilio, 84078 Vallo della Lucania, Tel. 09 74 71 99 11, Fax 0 97 47 19 92 17; www.parco.cilento.it.

Hermitage, Via Catarozza, Loc. San Marco di Castellabate, Tel. 0 98 74 96 66 18. Edles, ruhig gelegenes Familienhotel im ländlichen Stil. ○○

Carmelo, Loc. Isca, Palinuro, Tel. 09 74 93 11 38. Beliebtes Ausflugslokal mit aromatisch gewürzter Fisch- und Nudelküche. ○○

Tour 2

Entdeckungen in Apulien

2

Seite 89

Gargano → *Barletta → **Castel del Monte → *Trani → *Bari → **Alberobello → **Lecce → **Matera (520 km)

Noch ist der südöstliche Teil Italiens touristisch kaum erschlossen. Dies bietet Raum für eigene Entdeckertouren und originelle Erlebnisse , andererseits muss man sich vor allem im Hinterland mit ein paar Brocken Italienisch verständlich machen können. Die Trattorien kochen eben das, was Markt und Felder gerade hergeben und die Wegweiser zeigen nicht immer in die richtige Richtung. Nehmen Sie es sportlich – freuen Sie sich über eine andere Wirklichkeit, die auf unvergessliche Weise berührt.

Gargano

Wo das Grün der Steineichen- und Buchenwälder fotogen mit dem Blau der Adria und den hellgrauen Kalksteinzacken des Gargano kontrastiert, boomt die Ferienindustrie – mit den bekannten Folgen: Hässliche Urlaubsgettos blockieren den Zugang zur Küste, in den Bars und Strandcafés regiert der Nepp und auf den Sandstreifen drängen sich Liegestuhlkolonnen.

Vieste ist noch einer der liebenswerten Orte, dessen weiße Altstadtgassen sich unterhalb eines Stauferkastells viel Charme bewahrt haben. Im Hinterland blieb mit dem Schutzgebiet **Foresta Umbra** ein Stück wildromantisches Apulien erhalten.

Vieste

*Barletta

Erhaben ragt die helle **Cattedrale Santa Maria Maggiore** in den blauen Himmel über Barletta (90 000 Einw.). Ihre romanischen Grundmauern wurden 1310 im Stil der französischen Gotik erweitert. Ebenfalls eine normannische Gründung ist das Kastell, in dem die berühmte ****Büste Kaiser Friedrichs II.** gezeigt wird, während der 5 m hohe bronzene Koloss am Corso Garibaldi ein spätantikes Werk ist.

**Castel del Monte

Die steinerne Krone Apuliens thront über dem Hinterland der Murge: Mit Castell del Monte schufen die Baumeister Friedrichs II. eine majestätische Festung, über deren Entstehungsgeschichte im frühen 13. Jh. nur wenig bekannt ist.

Kunsthistoriker interpretieren den achteckigen Grundriss als Ausdruck von Friedrichs Mittlerrolle zwischen weltlicher und göttlicher Kraft. Ob der Stauferkaiser sein Kastell mit dem prächtigen Portal und den kostbaren

Castel del Monte

Mosaikfußböden je persönlich besuchte, sei es zur Falkenjagd oder für Regierungsgeschäfte, ist unbekannt. (Geöffnet: März–Sept. tgl. 10–13.30 Uhr, im Winter kürzer.)

*Trani

Direkt am Meer steht das bedeutendste Bauwerk der Stadt (51 000 Einw.), die ****Cattedrale San Nicola Pellegrino** (erbaut ab 1099). Filigrane Bronzetafeln des Meisters Barisano da Trani schmücken das Portal, das von einem prachtvollen Rahmen aus Marmor eingefasst wird. Im Inneren ist die romanische Kirche eher schlicht, was jedoch die Erhabenheit ihrer Architektur noch hervorhebt.

Cattedrale San Nicola in Trani

2
Seite 89

*Bari

Längst vergessen sind die Zeiten, als sich die Patrizier von Trani und Bari mit ihren Bauwerken zu übertrumpfen versuchten. Heute ist Bari die Hauptstadt Apuliens und ein turbulenter Hafen (342 000 Einw.) mit einer mittelalterlich verwinkelten **Altstadt.** Deren Schmuckstück ist die romanische ****Basilika San Nicola,** die man ab 1087 als Pilgerstätte für die Reliquien des hl. Nikolaus aus Kleinasien baute. Im Altarbereich ist ein Bischofsstuhl aus Marmor erhalten, die neunschiffi-

Stupor Mundi

»Der die Welt in Staunen versetzt«, so nannten ihn seine Zeitgenossen voller Ehrfurcht: Stauferkaiser Friedrich II., der rotblonde, bartlose und kurzsichtige Sohn Kaiser Heinrichs VI., wurde 1194 geboren. Bereits mit vier Jahren war er König von Sizilien. Als junger Kaiser schuf er einen straff organisierten Beamtenstaat, sicherte seinen Herrschaftsbereich durch strategische Heiraten und widmete sich neben den aufreibenden Regierungsgeschäften auch der Kunst der Falkenjagd, über die er um 1245 ein prachtvoll illustriertes Buch schrieb. Friedrich II. starb 1250, sein großes Reich zerfiel, erhalten blieben nur die rätselhaften steinernen Zeugen seiner Macht.

2

Seite 89

Alberobello

ge Krypta (11. Jh.) stützen 28 Säulen aus unterschiedlichen Gesteinen.

Sehenswert ist zudem die ****Kathedrale San Sabino** wegen ihrer überreich ornamentierten Ostfront und den ausdrucksvollen Skulpturen der Westfassade. Das normannische ***Castello Svevo,** das Friedrich II. erweitern ließ.

APT, Piazza Moro 33/A, Tel. 08 05 24 23 61.

Giulia, Via Crisanzio 12, Tel. 08 05 21 66 30. Ein freundliches, kleines Hotel in der Nähe der Universität. ❍

Terramina, Via Putignani 213, Tel. 08 05 21 97 25. Romantisches Restaurant mit Interieur aus dem 19. Jh. und apulischen Spezialitäten auf der kleinen Karte. ❍❍

Murgia dei Trulli – **Alberobello

Parallel zur Küste liegt das fruchtbare Hügelland der Murgia dei Trulli. Vor allem im **Itria-Tal** von Alberobello bis Martina Franca sind viele der denkmalgeschützten Rundbauten erhalten, als einfachste Bauernkaten oder als modernisierte Ferienwohnung im archaischen Look. Ambitionierte Hoteliers und Wirte bauen sogar neue Trulli, um noch mehr Gäste anzulocken.

Die Besuchermassen konzentrieren sich in ****Alberobello,** wo 1070 blendend weiße Kegelhäuschen die Gassen säumen. Etwas ruhiger ist es dagegen in **Locorotondo**, das sich wie ein Schneckenhaus um einen Hügel

Eigenwillige Trulli

So malerisch wie die apulischen Trulli sind Steuersparmodelle leider selten. Denn glaubt man der Legende, so ließ sich im Jahr 1635 der pfiffige Graf Gian Girolamo II in einem Waldstück bei Alberobello ein stattliches Anwesen errichten. Weil gemauerte Siedlungen zu jener Zeit steuerpflichtig waren, mussten seine Landarbeiter mörtellos Steinplatte auf Steinplatte zu soliden Rundbauten mit Kegeldächern aufschichten. Diese Technik war auf dem Land seit Jahrhunderten bekannt, um Schuppen und Unterstände zu bauen. Die Untertanen des Grafen gingen an die Arbeit, dichteten die Wände mit Lehm ab, malten zum Schutz vor bösen Geistern magische Symbole auf die Dächer – und fertig waren die ersten Trulli. Für größere Gebäude wurden einfach mehrere Hütten miteinander verbunden.

windet. Aus dieser Region kommen außerdem hochwertige Weißweine.

Tipp Die **Caseificio Notarnicola** in Alberobello, Via Cielo, ist spezialisiert auf herzhafte lokale Käsesorten.

**Lecce

Während Brindisi (95 000 Einw.) vor allem wegen seines (Griechenland-) Fährhafens bekannt ist, zieht es Kulturreisende in den Stiefelabsatz, den **Salento.** Ihr Ziel ist die Barockstadt Lecce, im 16. Jh. der wichtigste süditalienische Stützpunkt der Spanier gegen die Angriffe der Türken. Im Morgenlicht schimmern die honigfarbenen Tuffsteinfassaden mit ihrem fantasievoll verspieltem Dekor.

Überwältigt steht man vor dem Ensemble von Dom, Campanile, Bischofs- und Seminarpalast auf der **Piazza del Duomo**. Sehenswert sind außer den Fassaden die Altäre im ***Dom Sant'Oronzo** (1659–1670) sowie der ***Brunnen** von Giuseppe Cino im Innenhof des Palazzo del Seminario.

Weitere Höhepunkte im »Florenz des Barock« stellen die **Chiesa del Rosario,** die Kirche **San Matteo** mit ihrer raffiniert geschwungenen Fassade und die ***Basilica Santa Croce** dar, an deren Vorderfront sich Putten zwischen Akanthusgirlanden drängeln.

Tipp Beim Festival **Musica d'Organo** im Oktober erfüllen Hymnen und Choräle die Kirchen von Lecce.

APT, Via Monte San Michele 20, Tel. 08 32 31 41 17.

Delle Palme, Via di Leuca 90, Tel. 08 32 34 71 17. Kleines Hotel in der Altstadt, ruhig und freundlich. ❍❍

Barbablù, Via Umberto I 17, Tel. 08 32 24 11 83. Delikat gewürzte Salento-Spezialitäten. ❍❍

**Matera

Abenteuerlich sich windende Sträßchen führen hinauf in den **lukanischen Apennin,** wo sich in schroffen Schluchten, den *gravine,* etliche Sehenswürdigkeiten verbergen.

Höhepunkt der Region ist die Höhlensiedlung von Matera in der Basilicata. Bis Ende der 1950er-Jahre hausten rund 12 000 arme Familien in den ****sassi,** wie die teils ummauerten Tuffsteinquartiere genannt werden. Einige der schlichten Bauten stammen aus dem 6. Jh. Inzwischen entstanden über der Gravina etwas komfortablere Sozialbauten, die *sassi* zählen zum Weltkulturerbe, Touristen bringen Geld in die abgeschiedene Region und der Kulturverein »La Scaletta« versucht das Gewirr aus Höhlen, Kirchlein und Werkstätten neu zu beleben.

Tipp Der Kulturverein organisiert thematische Rundgänge durch die *sassi:* **Circolo La Scaletta,** Via Duomo 1, Tel. 08 35 33 67 26.

Erst der Dichter und Arzt Carlo Levi (1902–1975) deckte mit seinem Roman **Christus kam nur bis Eboli** (1945) das unglaubliche Elend in der Basilicata auf. 1979 verfilmte Francesco Rosi das Buch am Originalschauplatz Aliano.

APT, Via De Viti de Marco 9, Tel. 08 35 33 19 83.

Bucolia, Contrada Monacelle, Via per La Martella, Tel. 08 35 30 74 50. Herzhafte Regionalküche und feine Weine. ❍❍

2 Seite 89

Tour 3

3

Seite 89

Kalabrien wild und malerisch

***Cosenza → *La Sila → *Rossano → *Santa Severina → **Stilo → *Gerace → *Aspromonte → Reggio di Calabria → *Tropea (585 km)**

Gegensätze ziehen Urlauber an. Nach diesem Motto funktioniert Kalabriens Tourismus mit wachsendem Erfolg. Lange Sandstrände, ein buntes Angebot an Sport- und Freizeitmöglichkeiten prägen die Küste, während im bergigen Hinterland die Siedlungen abenteuerlich auf die Felsen gepackt sind. An der Küste werden die Lire bzw. Euros verdient, in den Bergen genießt man im Kreis der Familie die Ruhe und die schöne Aussicht. Archäologische Funde, eigenwillige Kirchen und der herbe Zauber der Landschaft, die inzwischen durch Wanderwege gut erschlossen ist, sind die Höhepunkte dieser Tour, für die man sich zwei oder drei Tage Zeit nehmen sollte.

*Cosenza

Kalabriens heimliche Hauptstadt Cosenza (87 000 Einw.) ist eine sympathische Mischung aus alten Fassaden und jungem Flair, auch wenn an einigen Ecken der Altstadt der Putz in großen Fladen von den Mauern bricht. Am Zusammenfluss von Busento und Crati erhebt sich die spätgotische **Chiesa San Domenico** mit der prächtigen Barockkapelle **Oratorio del Rosario** aus dem 17. Jh. Gegenüber ist in der Kirche **San Francesco di Paola** ein prächtiges Chorgestühl (17. Jh.) zu sehen. Die großen Stränge im Gassengewirr des Altstadthügels streben der Piazza del Duomo zu.

Cosenza: Start zum Stadtlauf

Interessanter als die Bischofskirche ist jedoch die etwas abseits gelegene ***San Francesco d'Assisi.** Die Gotik prägte den Kreuzgang, der Barock in einer überwältigenden Dekorationslust die ****Cappella di Santa Caterina.** Zur Domweihe 1222 machte Friedrich II. dem Erzbistum die ****Staurothek,** ein vergoldetes Reliquienkreuz, zum Geschenk (heute in Ausstellungsräumen nahe dem Kreuzgang).

APT, Corso Mazzini 92, Tel. 0 98 42 72 71.

Centrale, Via dei Tigrai 3, Tel. 0 98 47 36 81. Ein freundliches Quartier im historischen Zentrum. ○○

L'Arco Vecchio, Piazza Archi di Ciaccio 21. Ausgezeichnete regionale Küche, leckere Antipasti. ○○

Eine Oase der Ruhe: der Lago di Cecita im Sila-Gebiet

3
Seite 89

*La Sila

In der einsamen Wald-, Seen- und Felslandschaft der Sila haben bedrohte Tierarten sichere Nischen zum Überleben gefunden, die Chance, dort einen Wolf oder Kaiseradler zu sehen, ist dennoch minimal. Eher trifft man auf Ziegenherden und Hirten, die genüsslich in ihre würzig-fetten *salsicce* beißen.

In der Gegend um **Santa Sofia d'Epiro** leben seit fünf Jahrhunderten albanische Einwanderer, die weiterhin ihre Sprache, ihren griechisch-orthodoxen Glauben, ihre Trachten und Sitten pflegen. Kurvige Landstraßen durchziehen das Gebirge, auf einigen Gipfeln kann man sogar Skilifte ausmachen, mit denen im Sommer die Drachenflieger und Paraglider zu ihren Startrampen schweben.

Besonders hübsch ist der mittelalterliche Kern des Bergstädtchens **Longobucco** erhalten. Rund um **Rossano** erinnern die Kirchen und Klöster von ***Santa Severina**, **San Marco** und **Santa Maria del Partire** an die Blütezeit der byzantinischen Kultur in Kalabrien. Der größte Schatz von Rossano ist der ****Codex Purpureus Rossanensis**, ein illustriertes Evangeliar aus dem Nahen Osten (6. Jh.), das im Erzbischöflichen Palais ausgestellt wird.

i **Pro Loco,** Piazza Santi Anagiri 22, Tel. 09 83 52 11 37.

250 Jahre Erfahrung und der Duft des Südens stecken in den Lakritzsorten der **Liquirizia Amarelli,** Contrada Amarelli in Rossano.

Über Crotone nach **Stilo

Als wichtiger Stützpunkt der griechischen Kolonie Magna Graecia blickt das Städtchen **Crotone** auf eine große Vergangenheit zurück. Wo einst Pythagoras mit den Anhängern seines Geheimbundes debattierte, genießen heute Touristen die Sonnenstrände am **Capo Rizzuto.**

Jedes Jahr im Mai huldigt man beim **Festival dell'Aurora** den klassisch griechischen Dramen und den weisen Sprüchen des Pythagoras.

Ein byzantinisches Kleinod: Cattolica di Stilo

3

Seite 88

Casarossa, Via per Capo Colonna, Tel. 09 62 93 42 01. Hübsches Feriendorf mit eigenem Strand und großem Sportangebot. ❍❍

Casa di Rosa, Viale C. Colombo 117, Tel. 0 96 22 19 46. Rustikales Restaurant am Hafen, leckere Fischspezialitäten.❍❍

Die schönste aller byzantinischen Kirchen Kalabriens findet man nach einer abwechslungsreichen Tour entlang der Küste des Golfo di Squillace im Südosten der Stiefelspitze. Die kleine Backsteinkirche ****Cattolica di Stilo** mit ihren fünf Kuppeln und dem prächtigen Freskenschmuck aus dem 11. Jh. hat die Form eines griechischen Kreuzes und drängt sich wildromantisch an die Felswände des Monte Consolino.

Der wilde *Aspromonte

Moderne Kunst bringt frischen Wind in die Gegend von **Mammola,** wo das **Museo Parco Santa Barbara** in altehrwürdigen Klostermauern am Fluss Torbido eine spektakuläre Kollektion von Skulpturen und Monumenten zeitgenössischer Künstler präsentiert.

Hinter dem malerischen Städtchen **Gerace,** das mit seinen verwunschenen Gässchen und der großen Kathedrale (erbaut ab 1045) einen Abstecher wert ist, beginnt die wilde Welt des ***Aspromonte.** Bis auf 2000 m eine Landschaft wie aus einem Wildwest-Film: Schroffe Felsen im gleißenden Sonnenlicht, düstere Schluchten, verbrannte Macchia und Zauberwälder. Regelmäßig erschüttern Erdbeben das Ende der italienischen Halbinsel und zerstören, was Generationen mühsam der Erde abgerungen haben. Verständlich, dass die Bewohner aus den Dörfern in die Vorstädte von Reggio di Calabria oder in den industrialisierten Norden flüchten. Zurück bleibt eine grandiose Landschaft mit vereinzelten Häuserhaufen aus Naturstein, die fotogen an den Felsen kleben.

Parco Nazionale dell'Aspromonte, Via Aurora, Gambarie di Santo Stefano, Tel. 09 65 74 30 60.

Azienda Agrituristica Il Bergamotto, Loc. Amendolea, Condofuri, Tel. 09 65 72 72 13. Hübscher kleiner Bauernhof, sehr familiär. ❍

Bergamotte

Nirgendwo gedeihen Bergamotten so gut wie in der Gegend um Reggio di Calabria. Die dicken Schalen dieser bitteren, blassgelben Zitrusfrüchte liefern ätherische Öle, aus denen seit 1742 das Duftwasser Eau de Cologne hergestellt wird. Eine Auswahl von Essenzen und Parfums gibt es bei **Nuova Fiori del Sud,** Via Osanna 17, in Reggio.

Krieger von Riace

Reggio di Calabria

Gäbe es nicht die spektakuläre Aussicht auf Sizilien und den Ätna, besäße das **Museo Nazionale** nicht die beiden überlebensgroßen Bronzefiguren der ****Krieger von Riace** aus dem 5. Jh. und würden im Hafen nicht die Fähren nach Sizilien ablegen, dann könnte man getrost an der Industriestadt Reggio di Calabria (knapp 180 000 Einw.) vorbeifahren. So aber lohnt sich eine Stippvisite in der Kapitale Kalabriens.

Das Auto sollte man unbedingt auf einem bewachten Parkplatz abstellen und seine Wertsachen sehr gut im Auge behalten sollte, denn die Handlanger der **'ndrangheta** (s. S. 15) sind auch als Diebesbanden aktiv.

i **APT,** Via D. Tripepi 72, Tel. 09 65 89 84 97. Informationsbüros auch am Corso Garibaldi, am Bahnhof und am Flughafen.

Tipp Als Alternative zum Auto zuckelt die **Küsteneisenbahn** zwischen **Reggio** und **Metaponte** um die Stiefelspitze. Sie hält in allen interessanten Orten.

Am Tyrrhenischen Meer

Malerische Badeorte ebenso wie verbaute Hänge säumen Kalabriens Nordküste zwischen dem **Golfo di Gioia** und dem **Golfo di Policastro.** Vor allem italienische Familien drängen sich im Sommer an den Sandstränden und in den Gassen der ehemaligen Fischerdörfer. Besonderen Charme hat ***Tropea** mit seinen verwitterten Palazzi, der kompakten Kathedrale aus dem 12. Jh. und der fotogenen Wallfahrtskirche Santa Maria dell'Isola.

Pimm's, Largo Migliarese 14. Feine Fischküche und große Panoramaterrasse. ○○○

Bekannt für ihr angenehmes Klima und ihre malerischen Buchten ist die **Riviera del Cosentino,** die Riviera der Zedern, die sich zwischen dem Wallfahrtsort **Paola** und dem Badeort **Maratea** erstreckt.

Sentiero Azzurro

Als südlichster Abschnitt des Fernwanderweges **Sentiero Italia** auf dem Festland führt der »Blaue Pfad« hoch über der kalabrischen Küste durch bizarre Berggegenden und urwüchsige Nationalparks. Einzelne Passagen im Aspromonte oder durch die Raganello-Schlucht bieten sich auch als Tagesausflüge für trittsichere Bergfreunde an.

Informationen und Wanderkarten beim **Club Alpino Italiano** (CAI), Via G. Giardino 39, 10131 Torino, Tel. 0 22 05 72 31, oder **Nuove Frontiere,** Reggio di Calabria, Tel. 09 65 89 82 95.

3

Seite 88

Infos von A–Z

Ärztliche Versorgung

Reisende aus Mitgliedsstaaten der EU müssen sich einen **Auslandskrankenschein** (Formular E111) bei ihrer Krankenkasse besorgen, womit die Behandlungskosten in akuten Fällen gedeckt sind. Für die Erstattung von Privatrechnungen, Rezeptgebühren und Arzneikosten muss man entsprechende Quittungen bei der Krankenkasse vorlegen. Wer sicher gehen will, schließt eine **private Auslandskrankenversicherung** (mit der Möglichkeit des Flugrücktransports) ab.

Die meisten gebräuchlichen Medikamente bekommt man in den gut sortierten **Apotheken** *(farmacie)*.

Behinderte

In Süditalien gibt es kaum behindertengerechte Hotels oder öffentliche Einrichtungen.

Diplomatische Vertretungen

- **Deutsches Generalkonsulat,** Via Crispi 69, Neapel, Tel. 08 17 61 33 93, Fax 08 17 61 46 87;
- Konsulate auch in Catania, Messina, Palermo und Cagliari.
- **Österreichisches Konsulat,** Via Dalmazia 179, Bari, Tel./Fax 08 05 53 19 95;
- ein weiteres Konsulat in Palermo.
- **Schweizer Konsulat,** Via Pergolesi 1, Neapel, Tel. 08 17 61 43 90, Fax 08 17 61 17 50;
- ein weiteres Konsulat in Palermo.

Feiertage

1. Jan. – Neujahr, 6. Jan. – Hl. Drei Könige, Ostermontag, 25. April – Tag der Befreiung, 1. Mai – Tag der Arbeit, 29. Juni – St. Peter und St. Paul, Christi Himmelfahrt, 15. August – Mariä Himmelfahrt, 1. Nov. – Allerheiligen, 8. Dez. – Tag der unbefleckten Empfängnis, 25./26. Dez. – Weihnachten sowie lokale Festtage (s. S. 25).

Informationen

Das Staatliche Italienische Fremdenverkehrsamt **ENIT** hat folgende Büros:

- 10178 Berlin, Karl-Liebknecht-Str. 34, Tel. (0 30) 2 47 83 97, 2 47 83 98, Fax 2 47 83 99, E-Mail: enit-berlin@t-online.de;
- 60329 Frankfurt, Kaiserstr. 65, Tel. (0 69) 25 91 26, 23 74 30, Fax 23 28 94, E-Mail: enit-ffm@t-online.de;
- 80336 München, Goethestr. 20, Tel. (0 89) 53 13 17, Fax 53 45 27, E-Mail: enit-muenchen@t-online.de;
- 1010 Wien, Kärntnerring 4, Tel. (01) 50 54 37 40, Fax 5 05 02 48, E-Mail: enit-wien@aon.at; www.enit.at;
- 8001 Zürich, Uraniastr. 32, Tel. (01) 2 11 36 33, Fax 2 11 38 85, E-Mail: enit@bluewin.ch.

Unter der gebührenfreien Nummer 0 08 00 00 48 25 42 können Anrufer aus Deutschland, Österreich, Frankreich, Belgien, den Niederlanden und der Schweiz bei ENIT Broschüren anfordern.

Mehr oder weniger aktuelle Informationen über das Reiseziel findet man unter den Internet-Adressen:

- **www.enit.it** (auch in Deutsch)
- **www.esit.it** (Sardinien)
- **www.walksicily.de** (Sizilien)
- **www.thecity.it** (Städteinfos)
- **www.museionline. it** (Museen)
- **www.events.italien.de** (Veranstaltungen).

Kriminalität

Taschendiebe suchen sich ihre Opfer vor allem im Gedränge von Märkten und Fußgängerzonen, oft operieren sie in Gruppen. Der beste Schutz ist, beim Stadt- und Einkaufsbummel

möglichst wenig Wertsachen dabei zu haben und Geld in Innentaschen zu verstauen. Teuren Schmuck sollte man zu Hause oder im Hotelsafe lassen.
Um Autodiebstähle bzw. -einbrüche zu vermeiden, sollte man den Wagen nur auf bewachten Parkplätzen abstellen, das (möglichst leere) Handschuhfach öffnen und das Autoradio ausbauen.

Notruf

- Polizei (Carabinieri): Tel. 113
- Feuerwehr: Tel. 115
- Pannenhilfe des ACI: Tel. 116

Öffnungszeiten

Sind in Italien variabel, i. Allg. gilt:

- **Geschäfte:** werktags 9–13, 16.30 bis 19.30/21 Uhr, Sa ca. 9–14 Uhr; in Ferienzentren sind **Supermärkte, Tabacchi** und **Alimentari** oft länger offen.
- **Banken:** Mo–Fr 8.30–13.30 Uhr. Man findet auch in kleineren Dörfern Bankomaten, bei denen man mit EC-Karte und PIN-Nummer Bargeld abheben kann. Auf den Flughäfen gibt es Wechselstuben.
- **Kirchen:** 7–12, 15–19 Uhr. Während der Gottesdienste sind Besichtigungen nicht erwünscht.
- **Tankstellen:** Außer an den Autobahnen über Mittag sowie an Sonn- und Feiertagen geschlossen. Tankautomaten funktionieren nur bedingt.
- **Museen, Ausstellungen etc.:** 9–20 Uhr mit variablen Mittagspausen und Ruhetagen. EU-Bürger unter 18 und über 60 Jahre können die staatlichen Museen und Ausgrabungsstätten gratis besuchen (Ausweis vorlegen).

Post

Postkarte und Standardbrief in EU-Staaten kosten jeweils 800 Lire, Briefmarken *(francobolli)* erhält man in Tabacchi-Läden.

Rechnungen und Belege

Die italien. Finanzgesetze schreiben vor, dass **jeder** Rechnungen bzw. Quittungen für Dienstleistungen und Einkäufe *(ricevute fiscale, scontrini)* eine Zeit lang aufbewahren und bei einer Kontrolle vorzeigen muss. Andernfalls drohen hohe Geldstrafen.

Telefonieren

Viele öffentliche Telefone funktionieren sowohl mit **Münzgeld** wie auch mit **Telefonkarten** *(scheda telefonica)*, die zu 5000, 10 000 oder 15 000 Lire in Kiosken, Bars und Fernsprechämtern verkauft werden; vor der Benutzung die perforierte Ecke abreißen. Telefonate in Hotels sind teuer.

Telefonauskunft:

- national: 12
- international: 176

Vorwahl für Italien: 00 39. Innerhalb Italiens wird auch bei Ortsgesprächen die Ortsnetzkennzahl (mit der Null) mitgewählt!

Vorwahlnummern von Italien:

- Deutschland: 00 49
- Österreich: 00 43
- Schweiz: 0041

Trinkgelder

Selbst wenn Servicezuschlag und das Gedeck *(coperto)* in der Rechnung enthalten sind, erwartet man ein zusätzliches Trinkgeld von ca. 5 % des Betrags. Auch Taxifahrer, Zimmermädchen und vor allem die Führer rechnen mit einem ordentlichen Obulus.

Zoll

Innerhalb der EU sind Geschenke und Mitbringsel zollfrei. Richtmengen für Waren des persönlichen Gebrauchs: 800 Zigaretten, 10 l Spirituosen, 90 l Wein pro Person ab 15 bzw. 17 Jahre. Für die Schweiz gilt: 200 Zigaretten, 1 l Spirituosen, 2 l Wein und Reiseandenken bis zum Wert von 200 CHF.

Langenscheidt Mini-Dolmetscher

Allgemeines

Guten Tag.	Buongiorno. [buon**d~~sch~~or**no]
Hallo!	Ciao! [**tscha**o]
Wie geht's?	Come sta? [**ko**me sta]
Danke, gut.	Bene, grazie. [**bä**ne **gra**zje]
Ich heiße ...	Mi chiamo ... [mi kj**a**mo]
Auf Wiedersehen.	Arrivederci. [arriwe**der**tschi]
Morgen	mattina [mat**ti**na]
Nachmittag	pomeriggio [pome**ri**d~~sch~~o]
Abend	sera [**ß**era]
Nacht	notte [**not**te]
morgen	domani [do**ma**ni]
heute	oggi [**o**d~~sch~~i]
gestern	ieri [**jä**ri]
Sprechen Sie Deutsch?	Parla tedesco? [**par**la te**des**ko]
Wie bitte?	Come, prego? [**ko**me **prä**go]
Ich verstehe nicht.	Non capisco. [non ka**pis**ko]
Sagen Sie es bitte nochmals.	Lo può ripetere, per favore. [lo pu**o** ri**pä**tere per fa**wo**re]
..., bitte.	..., per favore. [per fa**wo**re]
danke	grazie [**gra**zje]
Keine Ursache.	Prego. [**prä**go]
was / wer / welcher	che / chi / quale [ke / ki / ku**a**le]
wo / wohin	dove [**do**we]
wie / wie viel	come / quanto [**ko**me / ku**an**to]
wann / wie lange	quando / quanto tempo [ku**an**do / ku**an**to **täm**po]
warum	perché [per**ke**]
Wie heißt das?	Come si chiama? [**ko**me ßi kj**a**ma]
Wo ist ...?	Dov'è ...? [do**wä**]
Können Sie mir helfen?	Mi può aiutare? [mi pu**o** aju**ta**re]
ja	sì [ßi]
nein	no [no]
Entschuldigen Sie.	Scusi. [**sku**si]
Das macht nichts.	Non fa niente. [non fa nj**än**te]

Sightseeing

Gibt es hier eine Touristeninformation?	C'è un ufficio di turismo qui? [**tschä** un uf**fi**tscho di tu**ris**mo ku**i**]
Haben Sie einen Stadtplan / ein Hotelverzeichnis?	Ha una pianta della città / un annuario alberghi? [a **u**na pj**an**ta **del**la tschit**ta** / un annu**ar**jo al**bär**gi]
Wann ist ... geöffnet?	A che ora è aperto (m.) / aperta (w.) ...? [a **ke o**ra ä a**pär**to / a**pär**ta]
geschlossen	chiuso (m.) / chiusa (w.) [kj**u**so / kj**u**sa]
das Museum	il museo (m.) [il mu**se**o]
die Kirche	la chiesa (w.) [la kj**ä**sa]
die Ausstellung	l'esposizione (w.) [lesposizj**o**ne]
Wegen Restaurierung geschlossen.	In restauro. [in res**tau**ro]

Shopping

Wo gibt es ...?	Dove posso trovare ...? [**do**we **pos**so tro**wa**re]
Wie viel kostet das?	Quanto costa? [ku**an**to **kos**ta]
Das ist zu teuer.	È troppo caro. [ä **trop**po **ka**ro]
Das gefällt mir (nicht).	(Non) mi piace. [(non) mi pj**a**tsche]
Gibt es das in einer anderen Farbe / Größe?	Ce l'ha anche di un altro colore / un'altra taglia? [tsche la **ang**ke di un **al**tro ko**lo**re / un **al**tra **tal**ja]
Ich nehme es.	Lo prendo. [lo **prän**do]
Wo ist eine Bank?	Dov'è una banca? [do**wä** una **bang**ka]
Ich suche einen Geldautomaten.	Dove posso trovare un bancomat? [**do**we **pos**so tro**wa**re un bangko**mat**]
Geben Sie mir 100 g Käse / zwei Kilo Pfirsiche	Mi dia un etto di formaggio / due chili di pesche. [mi **di**a un **ät**to di for**ma**d~~sch~~o / **du**e **ki**li di **päs**ke]
Haben Sie deutsche Zeitungen?	Ha giornali tedeschi? [a d~~sch~~or**na**li te**des**ki]
Wo kann ich telefonieren / eine Telefonkarte kaufen?	Dove posso telefonare / comprare una scheda telefonica? [**do**we **pos**so telefo**na**re / kom**pra**re una **ske**da tele**fo**nika]

Notfälle

Ich brauche einen Arzt / Zahnarzt.	Ho bisogno di un medico / dentista. [o bi**so**njo di un **mä**diko / den**tis**ta]

Rufen Sie bitte einen Krankenwagen / die Polizei.	Chiami un'ambulanza / la polizia, per favore. [kj**a**mi un‿ambul**a**nza / la poli**zi**a per fa**wo**re]
Wir hatten einen Unfall.	Abbiamo avuto un incidente. [abbj**a**mo a**wu**to un intschi**dän**te]
Wo ist das Polizeirevier?	Dov'è la polizia? [do**wä** la poli**zi**a]
Ich bin bestohlen worden.	Mi hanno derubato. [mi **a**nno deru**ba**to]
Mein Auto ist aufgebrochen worden.	Hanno forzato la mia macchina. [**an**no for**za**to la **mi**a **mak**kina]

Essen und Trinken

Die Speisekarte, bitte.	Il menu per favore. [il me**nu** per fa**wo**re]
Brot	pane [**pa**ne]
Kaffee	caffè / espresso [kaf**fä** / es**präs**so]
Tee	tè [tä]
mit Milch / Zucker	con latte / zucchero [kon **lat**te / **zuk**kero]
Orangensaft	succo d'arancia [**suk**ko da**ran**tscha]
Mehr Kaffee, bitte.	Un altro caffè, per favore. [un **al**tro kaf**fä** per fa**wo**re]
Suppe	minestra [mi**näs**tra]
Nudeln	pasta [**pas**ta]
Fisch / Meeresfrüchte	pesce / frutti di mare [**pe**sche / **frut**ti di **ma**re]
Fleisch	carne [**kar**ne]
Geflügel	pollame [pol**la**me]
Beilage	contorno [kon**tor**no]
vegetarische Gerichte	piatti vegetariani [pj**at**ti wedschetar**ja**ni]
Ei	uovo [u**o**vo]
Salat	insalata [inßa**la**ta]
Dessert	dolci [**dol**tschi]
Obst	frutta [**frut**ta]
Eis	gelato [dsche**la**to]
Wein	vino [**wi**no]
weiß / rot / rosé	bianco / rosso / rosé [bj**ang**ko / **ros**so / ro**se**]
Bier	birra [**bir**ra]
Aperitif	aperitivo [aperi**ti**wo]
Wasser	acqua [**a**kua]
Mineralwasser	acqua minerale [**a**kua mine**ra**le]
mit / ohne Kohlensäure	gassata / naturale [gas**sa**ta / natu**ra**le]
Frühstück	prima colazione [**pri**ma kolazj**o**ne]
Mittagessen	pranzo [**pran**dso]
Abendessen	cena [**tsche**na]
eine Kleinigkeit	uno spuntino [uno spun**ti**no]
Ich möchte bezahlen.	Il conto, per favore. [il **kon**to per fa**wo**re]

Es war sehr gut / nicht so gut.	Era molto buono. / Non era buono. [ära **mol**to bu**o**no / non **ä**ra bu**o**no]

Im Hotel

Ich suche ein gutes / nicht zu teures Hotel.	Cerco un buon albergo / un albergo economico. [**tscher**ko un bu**on** al**bär**go / un al**bär**go eko**no**miko]
Ich habe ein Zimmer reserviert.	Ho riservato una camera. [o riser**wa**to una **ka**mera]
Ich suche ein Zimmer für ... Personen.	Cerco una camera per ... persone. [**tscher**ko una **ka**mera per ... per**ß**one]
Mit Dusche und Toilette.	Con doccia e servizi. [kon **do**tscha e ser**wi**zi]
Mit Balkon / Blick aufs Meer.	Con balcone / vista sul mare. [kon bal**ko**ne / **wis**ta sul **ma**re]
Wie viel kostet das Zimmer pro Nacht?	Quanto costa la camera per notte? [ku**an**to **kos**ta la **ka**mera per **not**te]
Mit Frühstück?	Con prima colazione? [kon **pri**ma kolazj**o**ne]
Kann ich das Zimmer sehen?	Posso vedere la camera? [**pos**so we**de**re la **ka**mera]
Haben Sie ein anderes Zimmer?	Avete un'altra camera? [a**we**te un‿**al**tra **ka**mera]
Das Zimmer gefällt mir (nicht).	Mi piace la camera. / La camera non mi piace. [mi pj**a**tsche la **ka**mera / la **ka**mera non mi pj**a**tsche]
Kann ich mit Kreditkarte bezahlen?	Posso pagare con carta di credito? [**pos**so pa**ga**re con **kar**ta di **kre**dito]
Wo kann ich parken?	Dove posso mettere la macchina? [**do**we **pos**so **met**tere la **mak**kina]
Können Sie das Gepäck in mein Zimmer bringen?	Mi può portare i bagagli in camera? [mi pu**o** por**ta**re i ba**ga**lji in **ka**mera]
Haben Sie einen Platz für ein Zelt / einen Wohnwagen / ein Wohnmobil?	C'è ancora posto per una tenda / una roulotte / un camper? [tschä ang**ko**ra **pos**to per una **tän**da / una ru**lott** / un **kam**per]
Wir brauchen Strom / Wasser.	Abbiamo bisogno di corrente / acqua. [abbj**a**mo bi**so**njo di kor**rän**te / **a**kua]

Orts- und Sachregister

Personenregister

Zeichenerklärung

Unsere Preissymbole bedeuten:

Hotel:	❍❍❍	DZ pro Person ab 200 000 Lire/100 €
	❍❍	100 000 bis 200 000 Lire/50 bis 100 €
	❍	bis 100 000 Lire/50 €
Restaurant:	❍❍❍	Menü ab 80 000 Lire/40 €
	❍❍	40 000 bis 80 000 Lire/20 bis 40 €
	❍	bis 40 000 Lire/20 €

Polyglott im Internet: www.polyglott.de,
im Shell GeoStar unter www.ShellGeoStar.com,
in Beyoo unter www.beyoo.com,
im Travel Channel unter www.travelchannel.de

Alle Informationen stammen aus zuverlässigen Quellen und wurden sorgfältig geprüft. Für ihre Vollständigkeit und Richtigkeit können wir jedoch keine Haftung übernehmen.
Ergänzende Anregungen bitten wir zu richten an:
Polyglott Verlag, Redaktion, Postfach 40 11 20, 80711 München.
E-Mail: redaktion@polyglott.de

Impressum

Herausgeber: Polyglott-Redaktion
Autorin: Christine Rettenmeier
Lektorat: Trudie Trox / via-Redaktion, München
Layout: Ute Weber, Geretsried
Karten und Pläne: Polyglott-Kartografie, Huber.Kartographie, Elsner & Schichor, Jörg Ehren
Titeldesign-Konzept: Independent Medien-Design
Satz: Easy Pic Library GmbH, München
Satz Special: Ute Weber, Geretsried

Erste Auflage 2001

ISBN 3-493-58732-5
Dieses Buch wurde auf chlorfrei gebleichtem Papier gedruckt.

Die wichtigsten Sehenswürdigkeiten auf einen Blick

Das unverwechselbare Polyglott-Sternchensystem dient einer ausgewogenen Bewertung aller Sehenswürdigkeiten. Es soll Ihnen die Wahl und die Zusammenstellung Ihrer Reiseroute erleichtern.

*** eine eigene Reise wert
** einen Umweg wert
* sehr sehenswert

*** Museo Archeologico Nazionale in Neapel (S. 35 f.)
*** Pompeji (S. 43)
*** Dom von Monreale (S. 78)
*** Valle dei Templi (S. 80 f.)
*** Paestum (S. 90 f.)

*** Neapel (S. 32 ff.)
  ** Spaccanapoli (S. 33)
  ** Santa Chiara (S. 33 f.)
  ** Dom San Gennaro (S. 34 f.)
  ** Museo di Capodimonte (S. 36 f.)

** Palazzo Reale in Caserta (S. 40)
** Herculaneum (S. 41)
** Vesuv (S. 43)
** Ischia (S. 44 ff.)
** Capri (S. 51 ff.)
  ** Grotta Azzurra (S. 55)

** Costa Smeralda (S. 56 f.)
** Sassari (S. 57 f.)
** Tal der Nuraghen (S. 61 f.)
** Nuraghe Santa Cristina (S. 62)
** Cagliari (S. 63 ff.)

** Catania (S. 67 ff.)
** Ätna (S. 69 f.)
** Taormina (S. 70 f.)
** Cefalù (S. 72)
** Palermo (S. 72 f.)
** Segesta (S. 78)
** Selinunte (S. 79 f.)
** Noto (S. 81)
** Siracusa (S. 81 f.)
** Villa Romana del Casale (S. 83)

** Amalfitana (S. 85)
** Positano (S. 85 f.)
** Ravello (S. 87 f.)

** Barletta (S. 92)
** Castel del Monte (S. 92 f.)
** Alberobello (S. 94 f.)
** Lecce (S. 95)
** Matera (S. 95)
** Sassi (S. 95)

** Staurothek in Cosenza (S. 96)
** Codex Purpureus Rossanensis in Rossano (S. 97)
** Stilo (S. 97 f.)

Die Autorin

Christine Rettenmeier

Die Diplom-Journalistin ist heute als freie Reisejournalistin und Reiseleiterin tätig. Zu ihren Lieblingszielen gehören neben der Karibik und dem Fernen Osten auch Italien.